设计师职业法规与道德

张莉莉 著

清华大学出版社
北京

内 容 简 介

设计法规在设计行业中发挥着保护和促进其健康发展的重要作用。国际工业设计协会联合会定义的宏观设计过程包括从设想到形成产品，再到工程生产和使用，涉及方方面面，因此，设计法规的范围相当广泛，如专利法、版权法、商标法、反不正当竞争法、广告法、技术合同法、工程建设法、建筑法等，这些法规之间是相辅相成、互有联系的，是确保设计活动成功的重要前提。其中，设计知识产权法规占极其重要的地位。

本书分析了中国对于设计相关法规的要求及规定，探讨了法规和道德在设计行业的应用，属于该领域的一个应用创新，希望为读者提供有价值的借鉴。本书分为十一章，内容包括设计法规概述、现代设计与知识产权、艺术设计与著作权法、工业设计与专利法、商标法、设计知识产权法规的联系与发展、设计与知识产权相关法规概述、工业设计知识产权管理与策略、工程设计法规概述、工程建设程序法规、设计师职业道德等。

本书适合作为高等院校艺术设计、建筑设计、工业设计等专业本科生和研究生的教材，也适合相关设计人员作为参考。

本书封面贴有清华大学出版社防伪标签，无标签者不得销售。
版权所有，侵权必究。举报：010-62782989，beiqinquan@tup.tsinghua.edu.cn。

图书在版编目(CIP)数据

设计师职业法规与道德/张莉莉著. -- 北京：清华大学出版社，2025.5. -- ISBN 978-7-302-60627-7

Ⅰ.D922.16

中国国家版本馆 CIP 数据核字第 20259G0E82 号

责任编辑：陈冬梅　李玉萍
封面设计：刘孝琼
责任校对：周剑云
责任印制：刘　菲

出版发行：清华大学出版社
网　　址：https://www.tup.com.cn，https://www.wqxuetang.com
地　　址：北京清华大学学研大厦 A 座　　邮　编：100084
社 总 机：010-83470000　　邮　购：010-62786544
投稿与读者服务：010-62776969，c-service@tup.tsinghua.edu.cn
质量反馈：010-62772015，zhiliang@tup.tsinghua.edu.cn
课件下载：https://www.tup.com.cn，010-62791865

印 装 者：三河市铭诚印务有限公司
经　　销：全国新华书店
开　　本：190mm×260mm　　印　张：12　　字　数：287 千字
版　　次：2025 年 7 月第 1 版　　印　次：2025 年 7 月第 1 次印刷
定　　价：40.00 元

产品编号：095974-01

前言 Preface

设计师职业相关的法规与道德是设计学与法学交叉的一门边缘学科，是依据设计行业自身的特殊性所制定或形成的国家相关规定及道德规范，内容涉及知识产权的申请和保护，工业设计、艺术设计等的相关法律知识和设计师职业道德。

本书共分为十一章，具体内容如下。

第一章为设计法规概述，对设计法规的概念及范围进行了界定，同时介绍了其独特性。

第二章为现代设计与知识产权，介绍了知识产权的概念、设计知识产权概述及设计师应当具备的知识产权保护的战略意识和水平。

第三章为艺术设计与著作权法，介绍了艺术设计著作权的内容、归属、限制等问题，同时对艺术设计著作权作品进行了介绍。

第四章为工业设计与专利法，介绍了专利的基本概念、发明及发明专利权的保护、实用新型以及外观设计相关法律知识。

第五章为商标法，介绍了商标的特征、种类、注册条件及相关程序以及商标权的保护和商标的管理。

第六章为设计知识产权法规的联系与发展，主要介绍了著作权、外观设计专利、商标权的交叉保护，商业秘密和设计知识产权法规的发展趋势。

第七章为设计与知识产权相关法规概述，介绍了广告法规、包装设计中涉及的知识产权问题、知识产权与民间创作(文化遗产)保护。

第八章为工业设计知识产权管理与策略，分为五节，涵盖了工业设计知识产权管理的重要意义、概述、工业设计与专利策略、企业商标策略及其实例。

第九章为工程设计法规概述，主要讲述了工程设计的原则、内容，设计文件审批与修改等事项。

第十章为工程建设程序法规，主要讲述了在工程建设中的阶段划分以及各阶段在法律方面需要注意的事项。

第十一章为设计师职业道德，分四节，提供了在不同设计岗位上的道德层面的规范，解析了设计师职业道德的概念及范围。

本书理论联系实际，内容深入浅出，例证丰富，涉及面广，可读性强，具有学术性、理论性和实践性，适合高等艺术院校教师、研究生、本科生及爱好设计的非专业人士阅读。

本书由山东建筑大学张莉莉老师编写。由于时间仓促以及作者水平有限，书中难免存在疏漏之处，欢迎广大读者和同仁提出宝贵意见。

编　者

目录 Contents

第1章 设计法规概述 ... 1

1.1 设计法规的概念与范畴界定 ... 2
1.2 设计法规体现出的独特性 ... 6
本章小结 ... 9
思考练习题 ... 9

第2章 现代设计与知识产权 ... 11

2.1 知识产权的概念 ... 12
 2.1.1 知识产权的产生与发展 ... 12
 2.1.2 知识经济时代对知识产权的新需求 ... 13
2.2 设计知识产权概述 ... 14
 2.2.1 知识的基本概念 ... 14
 2.2.2 现代设计的知识性特征 ... 15
 2.2.3 现代设计与知识产权的关系 ... 15
 2.2.4 设计知识产权研究的基本内容 ... 19
2.3 设计师应具备知识产权保护的战略意识和水平 ... 21
 2.3.1 高新技术与知识产权发展的新形势 ... 21
 2.3.2 现代设计师应具备知识产权保护的意识和水平 ... 22
2.4 我国版权登记方法 ... 23
本章小结 ... 25
思考练习题 ... 25

第3章 艺术设计与著作权法 ... 27

3.1 艺术设计著作权作品 ... 28
 3.1.1 艺术设计著作权作品的范围 ... 28
 3.1.2 设计艺术作品的著作权特性 ... 31
 3.1.3 艺术作品独创性的保护原则 ... 32
3.2 艺术设计著作权 ... 33
 3.2.1 艺术设计著作权的内容 ... 33
 3.2.2 艺术设计著作权的归属 ... 36
 3.2.3 艺术设计著作权的限制 ... 38
 3.2.4 个人设计作品与著作权 ... 39

3.3　艺术设计著作权的保护 40
本章小结 41
思考练习题 41

第 4 章　工业设计与专利法 43

4.1　专利的基本概念 44
4.2　发明 45
  4.2.1　设计艺术与发明活动 45
  4.2.2　发明专利的概念及专利授权的实质性条件 45
  4.2.3　发明专利的申请和审批 47
  4.2.4　发明专利权的内容 48
  4.2.5　发明专利权的保护 49
4.3　实用新型 50
4.4　外观设计 52
  4.4.1　外观设计的概念及专利授权条件 53
  4.4.2　外观设计专利的申请和审批 59
  4.4.3　外观设计专利权的内容及相关保护 60
  4.4.4　中国外观设计专利制度概述 62
  4.4.5　中国外观设计专利制度的改进 64
4.5　专利权的有关原则 66
4.6　专利文献的使用 68
本章小结 69
思考练习题 69

第 5 章　商标法 71

5.1　商标的特征 72
5.2　商标的种类 72
5.3　商标注册的条件 78
5.4　注册商标的有关程序 84
5.5　商标权的保护 87
5.6　商标使用的管理 88
本章小结 89
思考练习题 89

第 6 章　设计知识产权法规的联系与发展 91

6.1　著作权、外观设计专利、商标权的交叉保护 92
6.2　商业秘密 94

6.3 设计知识产权法规的发展趋势 98
本章小结 99
思考练习题 99

第7章 设计与知识产权相关法规概述 101

7.1 广告法规 102
7.2 包装设计中涉及的知识产权问题 107
7.3 知识产权与民间创作(文化遗产)保护 108
本章小结 112
思考练习题 113

第8章 工业设计知识产权管理与策略 115

8.1 工业设计知识产权管理的重要意义 116
8.2 工业设计知识产权管理概述 121
8.3 工业设计与专利策略 129
8.4 企业商标策略 137
8.5 企业专利、商标策略实例 145
本章小结 147
思考练习题 148

第9章 工程设计法规概述 149

9.1 工程设计的原则 150
9.2 设计阶段和内容 151
9.3 设计文件的审批与修改 152
9.4 中外合作设计 153
9.5 工程质量中设计单位所要承担的责任与义务 154
9.6 工程设计市场管理 155
9.7 工程设计与文物保护 157
本章小结 158
思考练习题 158

第10章 工程建设程序法规 159

10.1 工程建设程序阶段的划分 160
10.2 工程建设前期阶段的内容 161
10.3 工程建设准备阶段的内容 162
10.4 工程建设实施阶段的内容 164

10.5 工程验收与保修阶段的内容 164
10.6 终结阶段的投资后评价 165
本章小结 165
思考练习题 166

第 11 章 设计师职业道德 167

11.1 设计师必须承担的最基本的设计义务和道德责任 169
11.2 书籍装帧设计师的市场意识与职业道德 170
11.3 当代建筑师的职业素养 174
11.4 平面设计的表现与设计师的职业素养 178
本章小结 180
思考练习题 180

参考文献 181

第 1 章

设计法规概述

设计师职业法规与道德

本章导读

中国成功加入世界贸易组织后,各行各业都在研讨"加入世贸"后的对策,中国设计业如何面对这一严峻的挑战,已成为迫切需要抓紧探讨的战略性问题。

过去,从事设计工作的人往往对专业技能十分重视,但对与设计有关的法规却不甚了解,缺乏自我保护和有效参与市场竞争的能力。加入世界贸易组织后,不仅要提高自身的设计水平,还应该加强相关的法规意识,必须承诺遵守世界贸易组织的规则,积极学习与了解先进国家的设计政策与法规,并结合中国国情尽快建立我们自己的设计法规体系。

1.1 设计法规的概念与范畴界定

随着社会的发展,设计法规的地位日益重要。人们越来越强烈地感受到设计不仅是一个社会问题,更是一个企业、一个地区、一个国家兴旺发达的重要标志,设计师及其设计活动是生产者和使用者的桥梁,应该受到社会法制的规范。设计法规的地位如图1-1所示。

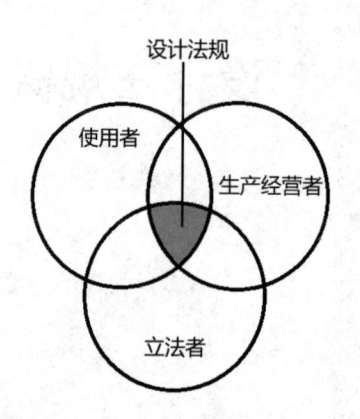

图 1-1 设计法规的地位

国际工业设计协会联合会定义的宏观设计过程包括从设想到形成产品,再到工程生产使用,涉及多个方面。同样,设计行业相关法规的范围也很广,如专利法、著作权法、商标法、反不正当竞争法、广告法、民法典合同篇、工程建设法规、城市规划法、建筑法等。乍一看,这些法规放在一起,显得纷繁复杂,毫无头绪,其实,从法规的适用范畴来看,这些法规之间是相互补充、紧密相连的,是设计活动成功的基础。就这些法规的思考,笔者提出如图1-2所示的关系图。

在此,可以将设计法规体系分为设计知识产权法规和工程设计与建设法规两大部分。其中,设计知识产权法规是基于设计活动的知识性特征而适用的设计法规,涉及设计作为无形知识资产的生产、保护、转化、交易等运作,以及相关的一系列知识产权问题。而工程设计与建设法规则是设计活动投入工程生产建设中所涉及的有关设计法规,如工程设计法规、招标投标法、标准化法、环境保护法等。

从图 1-2 中可以清楚地发现，设计各阶段、各法规之间也是相互关联并渗透的。比如，设计研究阶段设计师需要考虑到诸如零部件规格、人体尺度、加工装配技术规范等生产问题，也应该考虑产品生产过程中有关工艺、技术、标准的调整和生产质量的监控；同时还要对产品包装、运输和传播等环节进行主导性或辅助性设计、规划。又如，广告发布、技术引进和生产阶段也会涉及版权、专利的问题。因此在设计诸阶段，各相关法规是相互渗透的，彼此交织，共同形成了一个统一的设计法规体系。

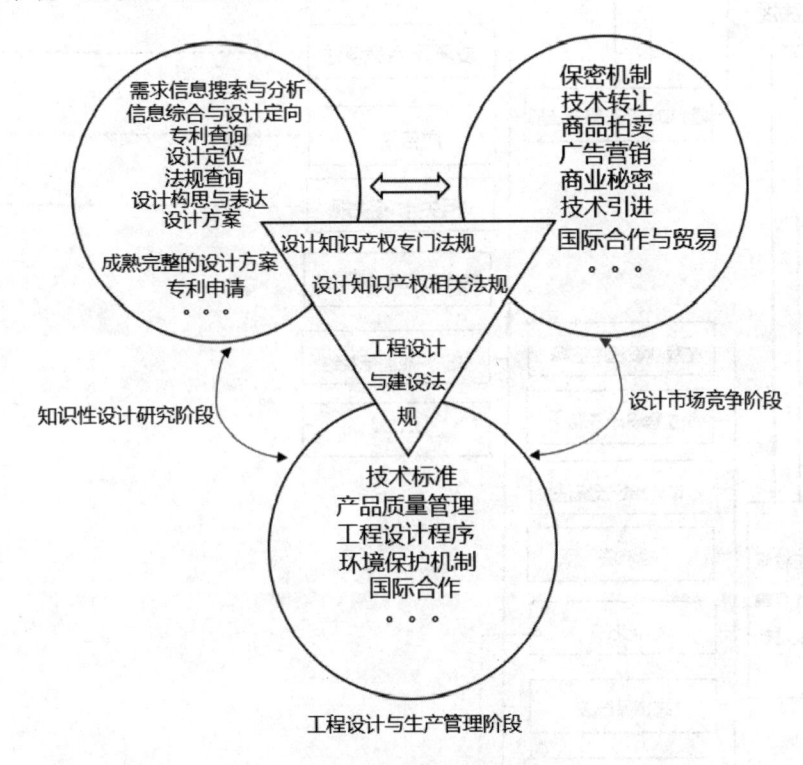

图 1-2 设计阶段与设计法规关系图

其中与设计相关的知识产权法规占有非常重要的地位，它主要涉及与设计有关的著作权法(版权法)、专利法、商标法等。在此，作者根据各法规不同的性质特点，又进一步将设计知识产权法规分为设计知识产权核心法规、设计知识产权辅助法规两部分，如图 1-3 所示。前者包括设计著作权法(即设计与艺术产权法规。因为与专利等工业产权相比，著作权更注重对艺术创作的保护)和设计专利法(主要是设计与专利法、商标法、反不正当竞争法)。后者则涉及反不正当竞争法、广告法、相关市场法规(主要是民法典合同篇、拍卖法、公司法等)、传统工艺美术保护法规(文化遗产保护)和一些国际条约(这是设计知识产权产品进入国际市场所必须遵守的规则，如《与贸易有关的知识产权协议》(TRIPS 协议)、《世界版权公约》等)。

设计师职业法规与道德

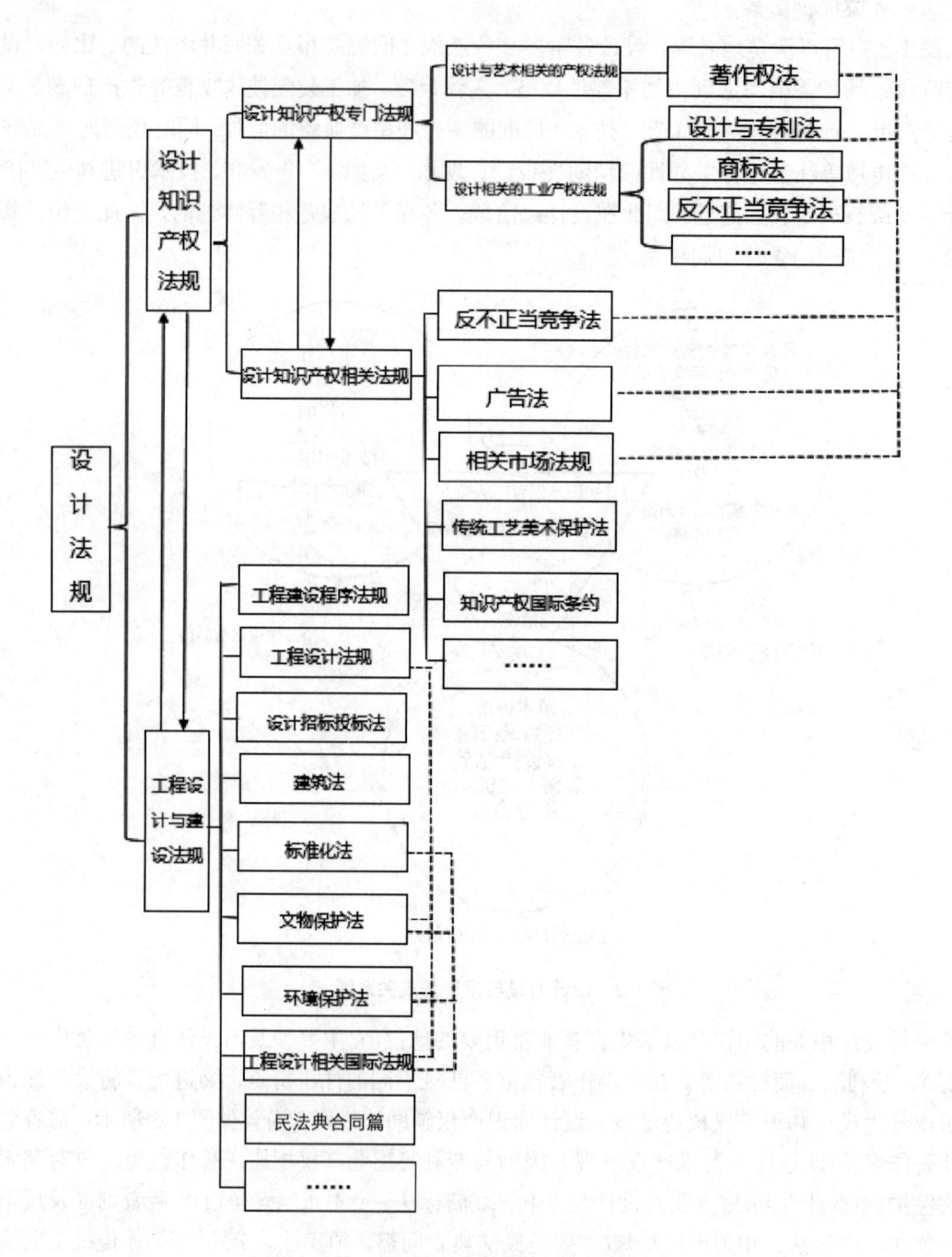

图 1-3 设计法规所涉及的法规范畴

下面，以不同知识产权对多种设计的保护为例，辅助对设计与知识产权法规的理解，如表 1-1、表 1-2 所示。

第1章 设计法规概述

表1-1 设计内容与知识产权保护形式

设计内容	平面设计					产品设计				建筑与环境艺术设计		其他相关内容设计			
	包装装潢	商标标识	装帧设计	广告创意	广告语、广告文案	网页设计	设计构思与方法	产品设计图纸	产品造型	产品结构功能	产品工艺与制造方法	建筑	环境艺术	服装、饰品设计	影视作品	多媒体数字作品	其他工艺品、工艺美术品
知识产权保护形式	外观设计专利、版权	商标权、版权、外观设计专利	版权	商业秘密	版权	版权	商业秘密	版权、商业秘密	外观设计专利、版权	发明专利、实用新型专利	专利、商业秘密	著作权，不受地理位置限制且可以重复再现的可受外观设计专利保护	著作权法	版权、外观设计专利	版权		

5

表 1-2　设计知识产权保护实务比较

权　项	专利权			著作权(版权)	商标权
	发　明	实用新型	外观设计		
保护内容	对产品、方法或其改进所提出的新的技术方案	产品的形状、构造或其结合所提出的适合实用的新技术方案	产品的形状、图案或其色形、图案的结合，并适合工业应用的外观新设计	文学、艺术和科学领域内，具有独创性并能以某种有形形式复制的智力创作成果	具有显著性、合法性的文字商标、图形商标、文字和图形组合商标、立体商标等
保护范围与期限	保护范围内以权利要求书的内容为准，保护期为20年	保护范围内以权利要求书的内容为准，保护期为10年	保护范围以《外观设计公报》视图中所表示的该外观设计为准，保护期为10年	只保护作品思想的表现形式。署名权、修改权和保护作品完整权享有永久保护，发表权和著作财产权的保护从作品完成之日起，截至作者死亡后50年的年底	以核准注册的商标和核定使用的商品为限。其保护期为10年，期满后可申请商标续展

1.2　设计法规体现出的独特性

设计法规的特征主要有以下六点。

1．约束性

设计的成功与否，既有人的因素、物的因素，又有社会的、经济的、立法的制约，设计师的创作自由是相对的，必然受到社会、环境等因素的约束，受到国家、社会所制定的一切法规的约束。

例如，专利法就对获得专利权的新颖性设计有相对强硬的规定，其评判标准较为严谨和客观，对"新颖性"设计规定如下：应当同申请日以前在国内外出版物上公开发表过或者国内公开使用过的外观设计不相同和不相近似，并不得与他人在先取得的合法权利相冲突。

可见，知识产权法规对新颖性设计的规定，是建立在客观事实基础之上的，而并非想当然，仅仅凭人的主观意识加以判断。这正是规范设计、加强设计法治所必需的，也是设计者与企业必须了解的。

就拿上述规定来看，特别是企业，至少应该注意这样一种情况：即使已经设计开发出符合新颖性要求的产品，但如果没有先申请专利就去展示、销售，就会丧失获得外观设计保护的机会。原因很简单，因为设计内容在专利申请日之前已经公开，丧失了新颖性。

第1章 设计法规概述

2．促进性

设计法规对设计具有约束性，但同时也要看到设计法规对设计的促进作用，这是设计法规的重要特性。

这一点从中国各法规的立法宗旨就可以看出。

(1)《中华人民共和国专利法》(以下简称《专利法》)是"为了保护专利权人的合法权益，鼓励发明创造，推动发明创造的应用，提高创新能力，促进科学技术进步和经济社会发展"。

(2)《中华人民共和国著作权法》(以下简称《著作权法》)是"为了保护文学、艺术和科学作品作者的著作权，以及与著作权有关的权益，鼓励有益于社会主义精神文明、物质文明建设的作品的创作和传播，促进社会主义文化和科学事业的发展与繁荣"。

(3)《中华人民共和国商标法》(以下简称《商标法》)是"为了加强商标管理，保护商标专用权，促使生产、经营者保证商品和服务质量，维护商标信誉，以保障消费者和生产、经营者的利益，促进社会主义市场经济的发展"。

(4)《传统工艺美术保护条例》是"为了保护传统工艺美术，促进传统工艺美术事业的繁荣与发展"。

(5)《中华人民共和国广告法》(以下简称《广告法》)是"为了规范广告活动，保护消费者的合法权益，促进广告业的健康发展，维护社会经济秩序"。

(6)《中华人民共和国建筑法》(以下简称《建筑法》)是"为了加强对建筑活动的监督管理，维护建筑市场秩序，保证建筑工程的质量和安全，促进建筑业健康发展"。

3．规范性

设计法规对设计活动有很好的规范作用，且有一系列法定程序，但它也从属于主体法规。在设计内容、设计资格、设计成果归属、设计质量的规范等多个方面都需遵循主体法规。

(1) 设计内容的规范。例如，《商标法》规定：缺乏显著特征的标志，不得作为商标注册。带有民族歧视性的，夸大宣传并带有欺骗性的，有害于社会主义道德风尚或者有其他不良影响的标志，不得作为商标使用。

(2) 设计资格的规范。例如，《广告法》规定："广告主委托设计、制作、发布广告，应当委托具有合法经营资格的广告经营者、广告发布者。"

《建筑法》第二章第二节第十二条、第十三条、第十四条规定："从事建筑活动的建筑施工企业、勘察单位、设计单位和工程监理单位，应当具备下列条件：(一)有符合国家规定的注册资本；(二)有与其从事的建筑活动相适应的具有法定执业资格的专业技术人员；(三)有从事相关建筑活动所应有的技术装备。""从事建筑活动的建筑施工企业、勘察单位、设计单位和工程监理单位，按照其拥有的注册资本、专业技术人员、技术装备和已完成的建筑工程业绩等资质条件，划分为不同的资质等级，经资质审查合格，取得相应等级的资质证书后，方可在其资质等级许可的范围内从事建筑活动。"

(3) 设计成果归属的规范。例如，《专利法》规定："执行本单位的任务或者主要是利用本单位的物质技术条件所完成的发明创造为职务发明创造。职务发明创造申请专利的权利属于该单位，申请被批准后，该单位为专利权人。""非职务发明创造，申请专利的权利属于发明人或者设计人；申请被批准后，该发明人或者设计人为专利权人。"

（4）设计质量的规范。例如，《建筑法》规定："建筑工程的勘察、设计单位必须对其勘察、设计的质量负责。勘察、设计文件应当符合有关法律、行政法规的规定和建筑工程质量、安全标准、建筑工程勘察、设计技术规范以及合同的约定。设计文件选用的建筑材料、建筑构配件和设备，应当注明其规格、型号、性能等技术指标，其质量要求必须符合国家规定的标准。""任何单位和个人修改注册建筑师的设计图纸，应当征得该注册建筑师同意。""建筑施工企业必须按照工程设计图纸和施工技术标准施工，不得偷工减料。工程设计的修改由原设计单位负责，建筑施工企业不得擅自修改工程设计。"

4．保护性

一方面，设计法规对设计权利进行保护；另一方面，设计法规对违规或侵权行为进行处罚。

例如，《著作权法》规定"美术作品、建筑作品、摄影作品、视听作品，以及工程设计图、产品设计图等图形作品和模型作品等"均受到著作权的保护。同时又规定"有剽窃他人作品等侵权行为的，应当根据情况，承担停止侵害、消除影响、赔礼道歉、赔偿损失等民事责任"。图1-4所示为模型作品示例。

图1-4 模型作品示例

《建筑法》第七十三条规定："建筑设计单位不按照建筑工程质量、安全标准进行设计的，责令改正，处以罚款；造成工程质量事故的，责令停业整顿，降低资质等级或者吊销资质证书，没收违法所得，并处罚款；造成损失的，承担赔偿责任；构成犯罪的，依法追究刑事责任。"

5．协调性

平面设计、产品设计、环境艺术设计等之间是相互联系和渗透的。各设计法规之间的关系同样如此，你中有我，我中有你，共同形成一个完整的设计法规体系，这就体现了设计法规的协调性。

例如，《商标法》规定："申请注册的商标，应当有显著特征，便于识别，并不得与他人在先取得的合法权利(包括著作权、专利权等)相冲突"。《传统工艺美术保护条例》规定"制作传统工艺美术产品的企业应当建立、健全传统工艺美术技艺的保护或者保密制度。从事传统工艺美术产品制作的人员，不得泄露在制作传统工艺美术产品过程中知悉的技术秘密和其他商业秘密。"

上述条文规定无不体现出设计法规的协调性，这既符合设计活动的整体性特点，又能够全面带动设计行业的发展。

6．发展性

法律法规并非僵化不变的，而是随着社会、科技、经济、文化的发展而不断发展完善的，设计法规同样如此。

以《商标法》为例，《商标法》最近一次的修订，就顺应了目前国际商标的一个发展潮流——三维商标(或立体商标)设计的流行趋势，而将其作为保护对象。

本 章 小 结

本章我们从设计法规入手，带领同学们对设计法规是什么有一个初步了解，学习了设计法规的概念和其范畴界定以及设计法规的特性，为我们能顺利理解后面章节的知识打下良好的基础。

思考练习题

1. 在现有法规中，与商业秘密保护相关的法规主要有哪些？
2. 对于产品工艺与制造方法，有效的保护途径有哪些？
3. 对于产品包装设计，有效的保护途径有哪些？
4. 专利保护的范围以权利要求书的内容为准，这种说法对吗？
5. 试举例论述设计法规的重要作用。

第 2 章

现代设计与知识产权

设计师职业法规与道德

本章导读

设计和知识产权都是社会经济发展的产物,也是社会经济发展的巨大推动力,西方发达国家的成功经验就充分说明了这一点。自从20世纪现代设计与知识产权观念引入中国后,已经日益受到中国政府、企业界和学术界的重视。

虽然现代设计与知识产权是不同的概念,属于不同的范畴,但两者却具有内在的一致性。

2.1 知识产权的概念

知识产权(intellectual property)是指人类对在科技、文化和艺术等领域内所创造的智力成果依法享有的专有权利,包括专利权、著作权、商标权、商业秘密(或技术秘密)等多项权利。

知识产权的概念

2.1.1 知识产权的产生与发展

1. 知识产权的产生

知识产权的概念是德国柏林大学教授柯勒在19世纪80年代提出的。下面主要是从精神需要、经济需要和社会需要三方面来探寻知识产权产生的原因。

(1) 知识产权的产生直接与人类的精神需要相关。这可以从科学研究、艺术创作的原始动机中看出来。科学研究是认识自然、探索自然规律的智力活动。它首先是非功利性的,是对真理的追求,布鲁诺为坚持日心说而献出生命就说明了这一点。而最初人们进行艺术创作的首要目的是宣传自己的思想主张、表达情感或介绍自己的发现和成果,中国春秋时期的百家争鸣就是最明显的例子。

艺术创作,首先是一种精神需要,它体现了作者或研究者的观点、人格、能力。他们有权决定其智力成果是否公开,有权防止他人对其成果进行歪曲、篡改,也有权表明自己的创作者身份。

知识产权的产生正是满足了他们的精神需要,著作权中精神权利的诉求就是一个重要的反映(见本书"艺术设计与著作权法"一章精神权利部分)。

(2) 知识产权的产生也有经济需要方面的原因。其产生在经济上满足了人们的利益,物质与精神是密不可分的矛盾统一,这在知识产权中也有明显的体现。

远古时期,作品的复制并无商业价值。只有在复制品作为商品出现后,作品的复制才有商业意义。以版权为例,印刷术发明于中国,唐宋以来,刻书、印书成为两种有利可图的行业。由于制作需要投资,因而出版商就开始从经济的角度主张某些权利,如南宋时期刻印的《东都事略》一书时就有这样的声明:"眉山程舍人宅刊行,已申上司,不许复板(这里'板'与'版'相通)。"这算是最早的版权标记了,而宋代官府对违反"不许复板"的行为还曾有"追板劈毁"之类的制裁。由此可以看出,中国古代已出现版权的雏形了,并且涉及出版者的经济利益。

第 2 章　现代设计与知识产权

再以专利的产生为例，专利制度的雏形最早出现在中世纪的欧洲，据记载，英王亨利三世于 1236 年授予波尔市一个市民十五年制作有色布的特许权。由于工业革命的兴起，资本主义经济迅速发展，出现造纸、火药、纺织、冶金等新兴的工业部门，资本家为了提高竞争能力，一方面不断要求采用新技术、新设计和新发明以提高劳动生产率，另一方面则要求把新的设计发明作为自己的私有财产保护起来。在这样的背景下，英国在 1624 年颁布了一部正式的专利法。

(3) 知识产权的产生是社会发展的需要。一方面，保护知识产权人的专有权利，有利于鼓励和调动智力劳动者的积极性，为社会发展作出贡献。另一方面，在保护知识产权人的专有权利时，又给予专有权适当的限制(如时间、地域等)，有利于公众接触、利用相关产品，促进科技文化的传播、发展，推动社会进步。

2．知识产权的发展

知识产权是一个动态的概念，其发展不断受到科技文化、经济制度与贸易规则等诸多因素的影响，知识产权随着科技文化的发展以及社会的进步而不断调整自己的范围。

从技术进步的角度来看，一方面，知识产权制度是保障社会技术进步的重要法律制度；另一方面，技术的进步又对知识产权制度提出新的挑战，推动知识产权法的调整和改进。例如，美国专利局在 21 世纪打破了传统专利法的限制，对商业管理方法、计算机软件等给予专利保护，有关商业管理方法、计算机软件能否获得专利保护的问题在美国已进行了长时间研究和讨论，而这一决定也在国际知识产权界产生了巨大影响。

2.1.2　知识经济时代对知识产权的新需求

当今人类社会正在步入一个以知识资源的占有、配置、生产、使用、消费为最重要因素的知识经济时代。在知识经济时代，谁拥有更多的知识，谁就拥有更多的财富。

知识产权对经济增长的重要性也比以往任何时候都明显，已被视为发展经济、创造财富的重要利器，成为各国在技术、贸易、人身健康、文化遗产、投资、环保、电子商务等方面的重要工具。这至少表现在以下几方面。

(1) 许多国家(特别是发达国家)用于研究和创造知识成果的投资日益增加。

(2) 国际贸易中，在货物买卖数额无明显增加甚至有所减少的情况下，知识产权转让额一直在大幅度上升。

(3) 在发达国家中，从事有形物生产的制造业、农业等行业的人力下降，而从事信息与服务业的人力上升。

(4) 知识产权立法或现有知识产权法的修订，先于其他财产法，知识产权转让方面的立法尤为迅速。

下面列举一些实际数据。

1980 年以前，一辆汽车成本的 85%是付给从事常规劳动生产的工人和投资者。而今在一个半导体芯片价格中，最多 3%归原料和能源的主人，5%归拥有设备和设施的人，6%归工人，85%以上则归专门从事商业设计、工程服务或拥有相关专利或版权的人。

中国内地产的一套 96 件瓷器在中国香港地区售价是 420 元港币，而日本制造的一套 56 件瓷器售价却为 5000 元港币，日本瓷器的价格高出 10 倍不止，原因何在？除成本之外，最关键的是科技附加值和知识产权附加值。

据统计，美国 IBM 公司近 15 年来的知识产权特许费收入增长了百倍；日本丰田汽车公司拥有 1.7 万件专利，估计每年只靠出售知识财产即可收入 1000 亿日元。由此看来，日本曾提出过"技术立国"，近年提出"知识产权立国"就毫不奇怪了。

总之，知识产权已经成为人类社会知识创业与"设计富国"的最佳工具。它使每一个人、每一家公司，都有可能达到知识创造的顶峰。知识产权将成为全球核心财富。这正是知识经济时代的新需求。

2.2 设计知识产权概述

设计知识产权日益成为设计界关注的问题。

2.2.1 知识的基本概念

何谓知识？知识是人类正确地、系统地反映客观世界规律的认识。

1. 知识的特点

知识作为知识经济时代最重要的经济资源和生产要素，具有无形性、非消耗性、可共享性、非稀缺性、易操作性和增值性等特点。

2. 知识发生的条件

(1) 目标。目标是指通过某种活动可达到的预期结果，是知识发生的第一个要素。目标的特点是客观性、未来性。目标一旦确定，人的实践活动就开始运行，与之相伴的知识活动也随即开始。

(2) 动机。动机是指人们想要达到某种预期结果的主观愿望，是知识发生的第二要素。知识发生的动机有本能和社会两个基本方面。

(3) 动力。动力是指人们为达到某种预期结果而自愿付出努力的心理倾向，是知识发生的第三个要素，一般包括精神的和物质的两个方面。

(4) 信息。信息是指事物本质特征的外在表现，无论人们是否意识到，它始终存在。在知识产生的过程中，信息连接目标、动机、动力的各个方面，并可传递各种有价值的、可供借鉴的情报，从而加快知识发生的过程。

3. 知识产生的过程

知识产生是复杂的心理过程，它具有网络性、发散性特征，有时预期与结果相去甚远，正所谓"有心栽花花不开，无心插柳柳成荫"。

但是，知识的产生还是有规律可循的。大到科学理论，小到技术诀窍，或多或少都经历了以下过程。

(1) 观察阶段。对现实世界进行感性认识，收集信息，详细观察研究客体。
(2) 实践阶段。在前述基础上进行实践，在实践中深入观察研究客体。
(3) 整理阶段。运用类别、归纳、统计等方法，对在观察与实践中获取的原始资料或数据进行整理，找出其中所蕴含的规律。
(4) 理性阶段。在上述基础上，运用演绎、系统论等方法建构理论，提出完整的、系统的、用以指导实践的知识或观点。

2.2.2 现代设计的知识性特征

现代设计是在近现代工业背景下产生的一门研究物质和精神文化生产的综合性应用学科。它运用自然、社会、人文等学科知识，协调技术与艺术等因素，围绕以人与环境协调发展为目的的造物设计进行思考和研究，并把研究结果以有形或无形的形式表现出来。

现代设计常常被形容为"艺术与科技的结合"，如果从知识、知识产权的角度来看，现代设计就是一种创造性的知识行为。

从上一节有关知识的概述中，也可看到现代设计的这一特点。例如，知识的"无形性""非消耗性""可共享性""非稀缺性"和"增值性"等也是现代设计的重要特征，知识的"目标""动机""动力""信息"概念也是与设计活动息息相关的，而知识产生的过程与现代设计活动也是一致的。

迈克尔·波兰尼(Michael Polanyi)[①]指出："在知识的架构里，知识分为两个层次，一个层次是外显性的知识(explicit knowledge)，即可以诉诸文学传授给他人的技能与客观事实，如报告分析、手册、操作、软件指令等。另一个层次是内显性的知识(tacit knowledge)，即人类拥有却无法轻易描述的技能、判断与直觉，如决策力、洞察力及Know-How。从这样的定义看，设计师是知识工作者，而且还是需要强调内显性的知识工作者(tacit knowledge creator)。比如，美的创作就是一种内显性的知识，需要不断地演练、比较与洞察，除实际操作外，更要通过学习、交流其他的资讯与经验，才能具有创造美与价值的能力。例如，意大利某设计师曾根据实践经验去谈'造型面的走势与处理'在汽车设计上的观念与应用，这便是一个如何塑造工业美的专业知识的例子。"

"从知识的角度来看，现代设计结合了美学、工学、商学等的信息与需求，将市场的消费流行的情报与公司的策略转换成可视化的创意，就是一门'知识'(Knowledge)的工作。"

"在知识经济时代，设计将属于知识综合创新系统、知识综合形象传播系统和知识综合应用系统。"

随着知识经济的来临，现代设计的知识性特征日益显著。

2.2.3 现代设计与知识产权的关系

设计与知识产权是相互促进的，这是两者的重要联系。也就是说，知识产权激励和保护设

---

① 迈克尔·波兰尼.个人知识[M]. 许泽民，译. 贵阳：贵州人民出版社，2000.

计创新，现代设计的发展呼唤知识产权。同时，自主的知识产权也离不开设计事业的贡献。

在这个问题上，日本就是一个典型的例子。日本刚开始实行外观设计专利制度时，是采取"国内公知制"的，允许模仿和抄袭外国的设计，只要该设计在国内没有为公众知晓，就能获得专利权。结果日本的出口产品有不少在外观设计上侵权，遭到许多国家的谴责，这使日本的设计与产品在国际上一度失去了信誉。为了扭转这一局面，日本立刻对专利制度进行了改进，开始实行"世界公知制"，杜绝对外国设计的抄袭、盗用。而且为了鼓励和推广本国的优秀设计，由日本产业促进会每年评定一批好的设计，给予重奖，并进行宣传。同时，还允许在使用该外观设计的产品上作专门标记，与一般的设计加以区别。这些举措促进了日本设计水平的大幅度提高。

三十年前，日本经济持续低迷，知识产权制度的发展革新也因此又放在了重要位置。在日本，被称为"亲专利"(pro-patent)"知识产权立国"的时代已经来到，日本特许厅长官在其1999年的就职演说中指出："为了在竞争激烈的世界市场上复苏日本经济，我们必须进一步加大研究与开发的力度，以及其他智力创造活动。知识产权是支持这一创造性活动的基石，建立这一制度对恢复日本经济的活力至关重要。"

日本的经验教训充分说明，在大力发展现代设计的同时，也要建立全自主的设计知识产权体系，这是极其明智的选择。中国政府与国内企业界、设计界、国家知识产权局就设计知识产权问题正不断地加强交流和联系，这表明发展设计知识产权的重要性和必要性。

综上所述，对于现代设计产业来说，知识产权问题是不可回避的。面对知识经济的到来，知识产权的取得、保护和运作已成为当今科技文化活动的时代标志。因此，没有知识产权保护和管理的设计创造活动不可想象，也是没有前途的。现代设计要成为新时代创新的重要力量，全面发展设计知识产权、实施设计知识产权战略是必由之路。

基于现代设计的知识性、创造性特征与知识产权所具有的内在一致性，还可以从以下几方面进一步探讨两者的关系。

1. 从设计内涵看两者的关系

设计，就是把某种计划、规划、设想和解决问题的方法，通过视觉语言传达出来的过程。由上文内容可以看出，"创造性"和"知识性"是现代设计的重要特征，这是设计与知识产权在内涵上的共同点。因此，两者具有内在的一致性和密切关系。

2. 从设计观念看两者的关系

设计观念的产生直接影响着设计活动，而设计观念要从市场需求、技术条件、社会文化、经济、政治等多方面考虑，受其制约。这些因素又不可避免地要涉及诸如信息的收集、分析、设计开发(交换)、销售、竞争等知识产权问题。

3. 从设计程序看两者的关系

设计程序主要是指产品设计的过程和次序，包括产品的信息搜索、设计分析与设计展开、辅助生产销售及信息反馈等。其具体包括以下几个阶段。

(1) 设计准备阶段，进行相关信息的调查、分析与综合，并探讨产品计划的可能性。

(2) 设计展开阶段，包括造型观念的确定、建立基本模型、方案的可行性评估、设计方案的确定及技术实现等。

(3) 辅助生产、销售阶段，实际上第(1)、(2)阶段就是一个知识、信息的设计过程，涉及无形的知识、信息、技术的产生、运用、交换等无形资产运作。其中必然离不开知识产权的作用。

4．从设计价值看两者的关系

在文化界和设计界，设计价值问题越来越受人关注。比如在服装设计领域，知名设计师的品牌价值就极高昂，这已是人所共知的事了。设计创造往往是一种无形资产和品牌的创造与积累，是有价值的，而其中最重要的就是知识产权的价值。举个例子，人们都知道可口可乐的标识、苹果电脑 iMac 的外形是出类拔萃的设计。但细想一下，这些设计的品牌价值其实主要表现为知识产权价值。中国有些企业就是因为不重视设计的知识产权价值，在涉外经营中吃过不少亏，损失十分惨重(诸如商标被他人盗用、自己的设计与技术被他人无偿使用等)。

近十年类似微软、麦当劳、可口可乐、耐克等跨国性特许专营已在我国各地热起来，这是一种新型的商业技术转让，也是知识产权管理的内容之一。一家已经取得成功经验的商业企业，将其商标、标识、专利、专有技术以及经营管理的方法或经验转让给另一家商业企业，它们的特点是经营同样的行业，出售同样的产品，提供同样的服务，使用同样的商标标识，店面装潢、用具、工作服、产品，服务方式也一样，且在中国取得了惊人的发展。

可口可乐的"商标信息"从美国输入到了中国，在中国一个又一个大城市盖起了厂房，安装了流水线，用中国的劳动力、中国的水，加上它们的配方就迅速抢占了中国的饮料市场、中国的顾客。这确实值得人们思考。中国企业必须加紧创造出自己特有的品牌，迅速占领国内市场和国际市场。

综上所述，可以清晰地看到这样的联系：设计→知识产权→品牌价值。设计与知识产权的结合是创造品牌价值必不可少的重要因素。世界许多迅猛崛起的公司，都有一个设计知识产权战略，这就是，最佳创新×最佳知识产权×最佳广告×最佳设计，同时一步到位，覆盖整个市场。

5．从设计咨询看两者的关系

设计咨询，是指为企业在制造和开发产品时所提供的咨询。咨询单位要对企业的现有产品进行务实诊断，发现存在的问题和差距，提供拓展设计业务的策略，使企业的设计能力和状况得到全面改善。其咨询内容包括：对该企业及其竞争对手的生产水平、技术能力、人事管理及消费市场等诸项进行调查、分析和比较，摸清市场和潜在市场的需求，并对有关设计案例和国内外设计信息进行分析研究，然后向企业提出《设计诊断报告书》，为企业提供工业设计的技术、环保、设计信息等，为企业进行工业设计的推广和宣传活动。

需要指出的是，越来越多的企业正把知识产权咨询作为设计工作的一个重要步骤。以日本外观设计保护协会为例，日本外观设计保护协会是以企业为成员的民间专业机构，其会员为外观设计申请量较大的 110 家公司。该协会下设总务部、计划调查部和业务部。该协会的一项主要业务就是：收集、加工有关公开的外观设计及获得专利的外观设计的情报，研究外观设计现状与发展趋势，为企业出谋划策。在中国，以海尔为代表的现代化企业也把知识产权作为设计开发的核心问题，其新产品无论是进入国内市场还是国际市场，都要进行知识产权咨询，加强与中国专利局或国际知识产权组织机构的联系。

正是因为这一新形势的需要，国内已有专业的知识产权咨询机构出现，其咨询内容主要就是收集、整理和分析现有的专利设计信息和情报，研究相关技术与设计的现状与发展趋势，为企业出谋划策。国内这种新兴咨询机构的发展状况值得关注。

6. 从设计管理看两者的关系

设计管理是在产品的开发设计中，应用社会学、人文学、生态环境学、人机工程、产品语义学和产品预测等有关的专业知识，对产品开发、设计、制造、产品经销的全过程进行全面的管理，旨在提高整个产品设计和开发工作的效率，减少时间和物资的浪费，充分发挥设计师的创新能力，提高产品的设计品质，迅速、准确地完成预定的目标，设计、制造、生产出符合市场需求的产品。在设计管理工作中，企业、管理者和设计师进行合作，共同肩负起管理责任。

目前在设计界，设计管理是一个热门词，人们只有加强设计管理水平，才能提高整体的设计水平。其中，知识产权的管理十分重要，只有加强设计的知识产权管理，才能充分尊重并激发设计主体的创造性，促进设计创新和设计产业化。这样才能真正实现工业设计的价值，推动工业设计业的发展。特别是随着知识经济时代的到来，随着中国加入世界贸易组织并参与国际竞争，知识产权管理在企业、院校、科研机构、政府规划中的核心地位日益明显。

7. 从产品开发看两者的关系

在下述方式中，凡涉及产品的功能及其造型的设计，都离不开工业设计的工作，而涉及设计技术开发、设计技术引进、现有设计技术利用、设计技术改造等方面的内容，也离不开专利等知识产权管理与法规的工作。

(1) 独创方式。独创方式即由企业自行设计、研制、申请专利。此方式有利于企业产品更新换代，并形成竞争优势。

(2) 引进方式。引进方式是指通过引进专利技术和关键设备来实现企业新产品的设计开发。其优点是可以节约研制经费，缩短研制时间，加快开发速度。

(3) 综合方式。综合方式是在引进技术并为本企业消化吸收的基础上，进行再创造。其优点是既可充分发挥所引进技术的作用，又可推动企业自身的科研事业。

8. 从与发达国家的差距看两者的关系

中国古代曾经有辉煌的设计发明。"四大发明"和优秀的设计技艺，常常使国人引以为豪。中国北宋时期的陶瓷工艺设计也曾达到前所未有的巅峰。但在以后很长的岁月中，中国在设计与技术创新上却停滞不前。而"四大发明"已经极大地推动了国外的科技文化发展。为了激励创新、保护设计发明、促进经济发展，欧美国家先后建立了知识产权制度。18 世纪 60 年代在英国开始的产业革命，没有专利制度是难以发生的，当时的支柱产业——棉纺织业的水力纺纱机等许多设计发明都是在专利的保护下诞生和发展的。

历史发展到今天，像美国、日本这样的世界经济强国、设计强国同时又是知识产权大国，其产品进入国际市场特别是发展中国家的市场，往往都有一个非常重要的特点，那就是专利和技术先行，想占领哪一块市场就在那里大量申请专利，"跑马圈地"，通过专利保护取得市场竞争的先机，并以专利作为支撑，形成企业标准，这些企业标准进行推广之后，成为事实上的国际主流标准和技术壁垒。正所谓："三流企业卖力气，二流企业卖产品，一流企业卖技术，超一流企业卖标准。"

例如，由东芝、松下、日本胜利、三菱电气、日立和时代华纳六家 DVD 核心企业(国际通称为 6C)组成的联盟，曾向中国 DVD 企业发出最后通牒，索要 DVD 核心技术的专利使用费用。据悉，6C 开出的条件是专利费按产品单价的 20%收取，每台约为 20 美元，中国 100 多家 DVD 企业面对 2.2 亿美元专利费的巨大压力。后来经过磋商，双方达成谅解，但中国 DVD 企业仍将付出每台约为 4 美元的专利使用费，该事件给中国企业造成的影响依然不小。皮之不存，毛将焉附？没有自主的知识产权，设计开发从何谈起？[①]

先进国家在以专利垄断市场的同时，它们的文化产品，诸如影视、音乐、计算机软件等也以版权的形式在世界横行，因此有学者指出："伴随西方国家的经济、文化侵略，知识产权被带进中国。""伴随着知识产品行销全世界，美国人不仅要把他们的知识产品送到地球的每一个角落，而且还要把他们的文化、思想以及价值观和行为规则统统带给其他国家。"

追溯历史、体察现状，可以看到与西方发达国家在设计知识产权上的差距，在中国古代设计发明辉煌的时候，人们没有利用知识产权来保护和发展促进其设计，实在令人痛惜。

2.2.4 设计知识产权研究的基本内容

当前应该结合中国设计与知识产权发展的实际，着重研究下列问题。

1. 中国现有知识产权现状

调查评估中国现有知识产权法规对设计的保护情况，发现并解决存在的问题。

自 20 世纪 90 年代以来，中国通过了一系列有关知识产权的法律，如著作权法、专利法、商标法等，事实证明，它们是保护设计知识产权的主要法规。但是，现代设计有自己的特点，例如跨学科性、知识密集性、理性与感性的统一性、技术与艺术的结合性、设计开发的风险性等，中国现有知识产权法规还不能覆盖设计的所有主题。表 2-1 所示为 2001 年在中国专利申请量居前十位的外国公司。

例如，著作权法不保护设计的构思，而只保护设计构思的表达形式，这意味着那些在设计中极具价值的创意主题难以寻求有效保护。又如，中国现有专利法规定，保护客体不具备实际用途，不能找到某种具体应用的原理与方法是不能获得专利权的。而外观设计专利虽然保护产品的外观设计，但对产品类型有所限制等。随着高新技术的发展，相应的设计新形式也给传统

---

① 资料来源：蔺玉红.DVD 市场又起硝烟[EB/OL]. (2003-10-15)[2025-04-18]. https://www.gmw.cn/01gmrb/2003-10/15/06-76C80E788A15E46248256DBF0081D914.htm.

知识产权法提出了许多新问题，如网络设计作品的保护、商业环境设计的保护、作品的数字化保护问题等。

表 2-1　2001 年在中国专利申请量居前十位的国外公司

序　号	国　别	企业名称	数　量
1	日本	松下电器产业株式会社	1479
2	韩国	三星电子株式会社	804
3	日本	索尼公司	790
4	荷兰	皇家飞利浦电子有限公司	784
5	瑞典	爱立信电话股份有限公司	647
6	韩国	LG 电子株式会社	478
7	日本	三菱电机株式会社	445
8	日本	本田技研工业株式会社	395
9	美国	宝洁公司	375
10	日本	精工株式会社	372

需要指出的是，美国、日本等发达国家往往根据技术和经济发展的需要，修订现有法规，以便更好地保护设计与创新。例如，传统的商业方法通常被认为是智力活动的规则或方法，而不受专利法保护。但随着互联网时代的来临和电子商务的迅猛发展，网络环境中不断创新的商业方法由于与计算机软件或硬件相结合，从而使其能否成为专利客体这一问题日益凸显。在美国，商业方法专利的地位已经确定下来，日本和欧洲的立法也已经表明了授予商业方法专利权的必然趋势。

更有甚者，近年来，以美国为首的一些发达国家极力主张尽可能扩大能够授予专利权的内容的范围。例如，美国到处宣扬："普天之下，但凡是人创造出来的东西，都可以获得专利。"美国对专利法中的"技术"一词深感不满，不同意"权利要求应当由技术特征组成"的规定，主张将它改为"权利要求应当由限定特征组成"，将专利法规定的实用性标准由"能够在工业中制造或使用"改为"具有特定的、实质性的和具体的用途"(have specific, substantial and credible utility)。这些主张都是对传统法规的重大冲击和突破，其发展动向值得高度重视。

总之，只有充分了解、掌握了现有法规，才有可能有效利用它解决问题，同时也可能对现有知识产权法的修改和制定必要的专门设计法规提供参考性建议，以期建立完善的、配套的设计法规保护体系。中国的专利法、著作权法、商标法已经历过数次修改，以前不受保护的建筑作品、立体商标等如今都受到了保护，就说明了这一点。

当然，在这个问题上，也要充分考虑到立法与司法之间的协调及国内的实际情况。在目前国内设计、技术整体水平不高的情况下，片面强调设计保护的"超前性"是不合适的。

2. 有关案例的研究

通过对典型设计知识产权案例的分析，归纳出一些基本的理论学说，为以后修改设计法规和案例审理提供理论借鉴。自 20 世纪 90 年代以来，中国各级人民法院受理审结了一批与设计知识产权有关的、有典型意义的案例，其中有些案例曾在媒体上报道，已广为人知。例如广东省高级人民法院曾总结出知识产权审判十大典型案例,发现其中有超过半数是与设计的知识产权有关的。对这些典型案例进行归纳总结,对已审结的有关设计案例进行分析总结是很有必要的。

例如,在美国 Apple Computer Inc 诉 Franklin,以及 CA 诉 Altari 等著名案件中曾总结出来一系列理论,如判断软件侵权的 SSO(structure, sequence and organization)准则、三段论侵权认定法、有关反向工程的原则,以及程序界面视感(look and feel)等一系列理论,这些理论虽有不足,但已受到 IBM、苹果等大公司的欢迎,的确值得有关人士学习借鉴。

3. 有关设计知识产权管理的研究

企业设计知识产权管理的核心就是创新与保护,其管理的对象主要包括:设计创造的无形资产,如专利、版权、商标等;体现企业内在发展动力的知识资产,如企业文化、经营理念等;体现企业人才资源的隐性知识资本,如企业员工具有的知识结构、工作技能、创新设计能力、合作能力等。

在进行上述问题的研究时,不仅要注重显性知识财产的管理,也要注重隐性知识资本的管理,这就要求在管理上注重以人为本的创新激励模式,加强设计的知识产权保护,以及设计知识产权的权利归属与利益分配原则的研究;关注不同法律、行政部门对设计产业保护的协作与协调问题,加强设计产业化的知识产权管理模式。

2.3 设计师应具备知识产权保护的战略意识和水平

面对当前形势和未来发展方向,设计师应注意加强知识产权保护的战略意识和水平。

2.3.1 高新技术与知识产权发展的新形势

社会、科技、文化的进步极大地促进了经济的发展,世界各国越来越看重高新技术给经济和社会带来的巨大的效益,以及知识产权为此提供的法律保障。此外,一些研究人员已着手准备研究预计在高科技领域将会取得重大进展的知识产权保护问题。预计在未来的 30 年内,人类还将在以下科技领域取得重大进展。

(1) 以计算机技术和网络技术为主的媒体、通信、信息以及自动化领域。
(2) 以基因、遗传等生物工程技术为主的生物以及医药领域。
(3) 新材料、新工艺、新产品领域。
(4) 航天、海洋、核能等民用开发领域。
(5) 能源、环保、交通等传统产业的高新技术应用领域。

人类还将在开发海洋和月球中有重大突破。这些高新技术自开发到推广,从工业化大量生产到进一步降低成本造福公众的过程中,必须提供知识产权法律保障。跨国跨地域的知识产权保护会涉及更多更复杂的权利以及关系所有人和社会公众的利益,这也将成为研究人员更加关注的新领域。

高新技术探索在中国的兴起，有力地推动了现代设计和经济的发展，同时也对设计知识产权提出了新的挑战。数字技术的广泛应用，使不同的设计开发者可利用统一的软件开发出性质相同或相似的作品，传统设计作品的界限也正逐渐模糊。因此，中国有关主管部门、专家便提出要加强对其相关知识产权的研究。早在1986年，著名知识产权专家郑成思教授就倡导对这一问题的研究，并出版了《信息、新型技术与知识产权》一书。但到目前，中国的研究总体仍处在初始阶段。从现有文献来看，有些属于介绍性，有些尚未得出结论。在专门领域的知识产权研究上，尚存在不少空白，设计家、技术专家、法学家及管理专家相结合的研究比较少。

而在国外，一些高新技术及设计比较发达的国家，对这一领域的研究较为深入，大多设有专门的研究与咨询机构，研究人员涉及的专业范围很广泛。例如美国新技术应用版权作品委员会、日本外观设计保护协会等，这些机构从本国利益出发，研究高新技术、设计应用及其知识产权的发展情况，提供咨询报告。由于跨部门、行业的交叉研究，加上政府、企业和立法人士的相互接触，使研究成果及时地被有关法律吸收。

2.3.2 现代设计师应具备知识产权保护的意识和水平

从设计师自身来说，面对新形势的发展，也应加强知识产权保护的意识和水平。无论是个人设计师，还是企业设计师，都要在设计活动中注意保护好自己的知识产权，同时又要尊重他人的知识产权。

2022年4月2日，第七届"两岸新锐设计竞赛·华灿奖"落幕。可5月13日，B站UP主发现自己的原创作品 *Jack in* 被王某利等7位同学更名为 *AI*，还获得了"国赛优秀奖"，报送单位是大连海事大学。两天后，又有UP主发现毕业设计作品《她的小舟》被改成《心爱的小船》，获"国赛二等奖"。校方证实举报属实，华灿奖组委会表示，若判定抄袭，将取消奖项并禁赛作者三年。[①]

针对这种现象，评委会不得已只得重新评定获奖作品。评委对此表示，尽管这些"涉嫌仿冒"专利的作品从构思到制作，并没有明显的侵权意识，而且学生们确实不知道自己的作品已有人申请了专利，说明在校大学生缺乏专利意识。

当然，在这次设计竞赛中，评委会对所有参赛作品进行专利检索是值得称赞的，设计界需要这样的监督机制。没有严格把关，这些克隆作品就可能堂而皇之地成为获奖作品，涉嫌仿冒他人专利的学生则可能被看作优秀设计师，而受损的是专利权人。

这个事例说明，"只有在意识上树立了正确的知识产权观念的设计师才是真正应该获得奖励和尊重的优秀人才"。

例如，个人设计师在受委托设计、参赛设计等活动中，应该积极主张自己的知识产权和应得利益，与侵权行为作斗争。比如，中国台湾地区的珠宝艺术设计师就常常自发组织一些座谈

[①] 上游新闻.7名大学生被举报"原封不动盗图参赛获奖"，组委会：正在审议[EB/OL].(2022-05-17)[2025-04-18]. https://baijiahao.baidu.com/s?id=1733064059304120679&wfr=spider&for=pc.

会，集中讨论设计行业的侵权行为，并为此提出有效的保护措施，相互交流心得经验，这也进一步加强了设计协会的凝聚力。

企业设计师在为企业完成设计任务时，也要注意设计知识产权的归属与保护。如果是职务设计作品或职务发明，就要尊重企业的知识产权，同时也要主张自己的既得利益，比如奖金等物质利益和署名权等精神权利。

设计师还应该在设计开发与商业化应用中充分利用知识产权制度。比如，设计师可以利用专利文献，了解和分析最近的设计与技术情况以及发展动态，从中得到启发和有价值的技术信息，为自己进一步的创新设计打下基础。又比如，设计师可以利用知识产权制度的优越条件，将自己的版权、专利进行转让，或作价入股，或自行生产实施，从而获得可观的经济利益。

2.4 我国版权登记方法

《中华人民共和国著作权法》第二条规定："中国公民、法人或者非法人组织的作品，不论是否发表，依照本法享有著作权。"基于此，作品不管是否发表，是否登记，作者都享有著作权。

我国版权登记方法

虽然如此，大部分作者为了防止日后侵权发生，一般还是会将自己的版权作品进行备案登记，目前版权登记采取的是备案制，中国版权保护中心并不进行实质审查。

虽然版权登记是备案制，但是在版权登记过程中仍然会有一些审查规则，如果违反了官方的相关规定，会导致版权登记遭遇补正，如果无法按照官方的要求进行修改，则会导致版权登记无法顺利完成。

笔者通过多年的办案经验对相关情况进行了整理，希望可以对你后续的版权登记有一些帮助。

1. 关于版权登记主体的问题

对于版权登记主体，企业或者个人，或者两者共同均可以作为著作权人进行登记。

但是，如果是两个以上的著作权人提交版权登记申请，需要提交多个著作权人盖章或签字的合作开发协议，协议上写明软件由多方共同开发，著作权归多方共有。同时，该合作开发协议的签署时间，应当在软件或者作品创作完成日期之前，否则官方会下发补正通知。

如果软件或者作品是委托开发，则需要提交委托开发协议，写明著作权归属于版权登记的著作权人。如果委托开发协议没有写明著作权的归属，那么按照《著作权法》第十七条规定执行："受委托创作的作品，著作权的归属由委托人和受托人通过合同约定。合同未作明确约定或者没有订立合同的，著作权属于受托人。"

同时，在写明著作权归属于委托人的情况下，由于人身权无法转让，受托人作为开发软件或者设计作品的作者，享有署名权，其他财产权利归属于版权登记申请的著作权人。

在版权登记申请表中，"著作权人"和"申请人"一栏都需要填写著作权人的信息。如果是多个著作权人登记的，在电子登记时，需要选择增加著作权人并对其他著作权人的信息进行填写。针对软件著作权登记，一定要注意在增加的著作权人信息中"申请证书副本"一栏勾选"是"，否则后续官方只下发一份软件登记证书。勾选副本后，第一著作权人取得软件著作权登记证书正本，其他著作权人取得软件著作权登记证书副本。

而针对著作权人为国外主体的，目前软件著作权登记申请，需要针对著作权人的主体资质证明文件进行公证认证，而作品登记尚无此项要求。

2．关于版权登记客体的问题

对于版权登记的软件而言，首先，软件登记的名称应当由"软件、系统或者平台"结尾，且软件名称中不得有版本号，版本号在相应的栏目填写。如果软件没有简称，可以不填写，但是软件简称不得与软件名称相同，或者字数多于软件名称，否则官方会下发补正。

分类号不是必填项，可以不填写。

首先，关于软件作品说明，如果该软件是基于原来已经登记过的软件的升级版本，需要选择修改，并勾选"原有软件已经登记"，填写原软件登记号和升级版本软件说明，写明增加的模块及其功能特点。如果该升级版本的软件登记著作权人与原版本的著作权人不一致，还需要得到原版本著作权人的书面授权方可进行登记。

其次，对于软件开发完成日期，需要在著作权人企业成立日期之后，如果在企业成立前开发完成的软件，则需要提交软件开发说明，写明企业成立前软件开发的具体情况。

最后，对于软件的功能和技术特点，也需要如实填写，如硬件环境、软件环境、编程语言和源程序量等，如果信息填写与提交材料不一致，也会导致官方补正。其中源程序量(编写源代码的行数)，功能和技术特点一般简要地进行介绍，字母一百余字即可，但不得过少。

对于版权登记的作品而言，作品名称为中文或者英文均可，如果是中英文名称，需要在中文名称后面用括号标注英文名称，一般官方不接受作品有两个名称。如果是系列作品，需要在"说明"一栏写明该作品为系列作品。在"留存作品样本纸介质"一栏，需要准确地填写张数，如果提交的作品样本与登记作品样本介质不一致，也会导致官方补正。

针对是否公开发表，建议如实填写，公开发表指向不特定社会公众公开。如果是公开发表，需要填写公开发表的日期和发表城市。

对于权利取得方式，如果是继受取得，需要提供著作权转让协议。

目前，针对继受取得的著作权登记申请，如果是软件著作权，可以有以下两种登记方式。

(1) 以受让人名称重新进行软件著作权登记，对权利取得方式以继受方式进行勾选，并将原登记的软件著作权登记证书原件交回，后续中国版权保护中心会下发写明著作权人为受让人的新的软件著作权登记证书。

(2) 软件著作权转让合同备案登记，该登记仅针对转让合同进行备案，后续会取得软件著作权转让合同备案登记证书。如果是作品著作权，仅有著作权合同备案申请一种方式，即针对双方的作品著作权转让合同进行备案，后续取得作品著作权转让合同备案登记证书。

3．关于著作权提交材料的问题

对于著作权登记的所有材料，都需要进行单面打印，双面打印会遭遇官方补正。

针对软件著作权登记，需要提交源程序代码和操作手册。

首先，该两份文件需要黑白打印。

其次，要在页眉中写明软件名称、版本号和页码。

如果软件登记的源程序量少于3000行，需要提交全部的源程序代码；如果源程序量多于3000行，则仅需要提交前1500行和最后1500行的源程序代码。操作手册需要写明软件的操作过程，尽量配有软件操作界面的截图，同时，操作手册中显示的软件名称应当与著作权登记的软件名称一致。如果操作手册少于60页则全部提供，如果超过60页，仅提供前30页和后30页。

针对作品著作权登记，如果是美术作品，建议提交两份作品样本，中国版权保护中心会将一份存档，另一份会放在证书背面并加盖骑缝章。如果仅提交一份作品样本，则官方会直接留存备案，证书背面就不会再放作品样本了。

可见，虽然著作权登记采取备案制，形式简单，授权快，但是也需要满足相关要求，否则会遭遇官方补正并可能影响取得证书的时间。

本 章 小 结

本章主要介绍了设计与知识产权的相关知识，其中第一节介绍了知识产权的概念，包括知识产权的产生与发展以及在当今时代对其所提出的新需求。第二节介绍了设计知识产权概述，包括知识的基本概念、现代设计的知识性特征、现代设计与知识产权的关系和设计知识产权研究的基本内容。第三节主要介绍了设计师应该具备的知识产权保护的战略意识和水平。最后一节是我国版权登记攻略，是对该章知识的补充。

思考练习题

1. 知识产权包含的内容主要有哪些？
2. 知识的特点是什么？
3. 什么是设计管理？
4. "世界第一部专利法诞生于英国"这种说法对吗？
5. 试论述设计与知识产权的关系。

第 3 章

艺术设计与著作权法

本章导读

著作权是知识产权中的一个重要部分,其作用在1956年的国际作家作曲家协会联合会的章程中讲得非常清楚。该章程规定:"文学、音乐、艺术和科学作品的作者所起的精神作用使全人类受益、惠及后世、决定文明的走向。国家不仅应当考虑到作者的个人努力,也应考虑到社会利益,给予作者最大限度的保护。"

著作权,又称版权,是指作者、其他主体及其合法继承人在法律规定的有效期内依法享有对文学、艺术和科学作品的发表权、署名权、修改权、保护作品完整权、使用权和获得报酬权等各项专有权利。

3.1 艺术设计著作权作品

根据《中华人民共和国著作权法实施细则》的规定:"著作权法所称作品,指文学、艺术和科学领域内,具有独创性并能以某种有形形式复制的智力创作成果。"

艺术设计著作权作品

3.1.1 艺术设计著作权作品的范围

《中华人民共和国著作权法》规定,作品包括文字作品;口述作品;音乐、戏剧、曲艺、舞蹈作品;美术、摄影作品;电影、电视、录像作品;工程设计、产品设计图纸及其说明;地图、示意图等图形作品;计算机软件;法律、行政法规定的其他作品。

上述作品很多内容与艺术设计相关,主要有以下几方面。

1. 文字作品

文字作品是指小说、诗词、散文、论文等以文字形式表现的作品。"文字作品"就其范围来看,涉及文学、艺术、科学、工程等各个领域;就其体裁来看,涉及小说、论文、手册、报告、诗歌、广告语等各方面;就其创作者来看,既可以是个人创作,也可以是合作创作。文字作品如图3-1所示。

2. 美术、建筑、摄影作品

著作权法中的美术作品,是指以线条、色彩或其他方式构成的有审美意义的平面或者立体造型的艺术作品。如绘画、雕塑、陶瓷、装饰家具、平面艺术设计和建筑艺术作品等。美术作品和建筑作品分别如图3-2、图3-3所示。

值得注意的是,这里的美术作品,实际上应该包括多种艺术设计品在内,只不过在现有的著作权法中,对艺术设计作品以及实用艺术作品问题没有明确规定。在未来的著作权法修改过程中,这是一个需要解决的问题。

在著作权法里,建筑作品包括:建筑物本身(仅仅指外观、装饰或设计上具有独创成分的建筑物)及建筑设计图与模型。如果一幢具有独创外观的新建筑建成后,另有人使用了不同的材料和技术，建造与之外观相似的建筑，就可能被视为侵犯该建筑物的版权，即使他使用的材料或技术享有专利或其他工业产权。

图 3-1　荣格的《红书》　　　　　图 3-2　梵高的《向日葵》

图 3-3　贝聿铭设计的《苏州博物馆》

在现实中，很多建筑物可能是整个外观中仅仅有一部分含有独创的设计成分，而受版权保护的就只是这一部分。

要想保护建筑作品，必须包括保护建筑物，要想保护建筑物，又必须保护建筑设计图或施工图。建筑设计图转为立体建筑物，就涉及版权中的复制权，而不是作为工业产权中的制造权

(或实施权)来对待。这在许多国家的版权法中已得到确认。

在建筑艺术品中，如果设计师提供了全部建筑表现图，则建筑师建成的建筑物，视为建筑表现图的复制品，建筑师不享有版权。如果设计师仅仅提供了正面的建筑表现图，而建筑物的侧面与背面则是建筑师设计的，则建筑师对建筑物侧面与背面的造型享有版权。建筑作品作为一个整体，设计师与建筑师为合作作者，享有共同版权。

设计师与雕塑师的关系也是如此。如果一件雕塑作品的设计师画出设计图，并指导雕塑师按其设计构思的每一步去完成雕塑作品，则雕塑师不享有任何版权。如果设计师只提供正面设计图，其侧面、背面均是雕塑师以正面图为依据，按自己的判断去构思并制作，设计师又没有提供任何指导，则该雕塑作品是设计师与雕塑师的合作作品，二人享有共同版权。若设计师去世50年而雕塑师仍健在，则任何人虽可以复制该雕塑作品的正面，但不经雕塑师许可不得复制整个雕塑作品。

3．电影、电视、录像作品

同样，包括电影、电视、录像作品在内的影视作品也受到著作权法的保护，如图 3-4 所示。

4．工程设计、产品设计图纸及模型作品

工程设计、产品设计图纸及模型作品等设计图也在著作权法的保护范围之内，如图 3-5 所示。

5．计算机软件作品

从中国著作权法的规定可知，作品要获得著作权法保护，必须符合某些实质性要求，这种实质性要求简称为"著作权性"。

图 3-4　冯小刚导演的作品《1942》　　　　图 3-5　产品设计图示例

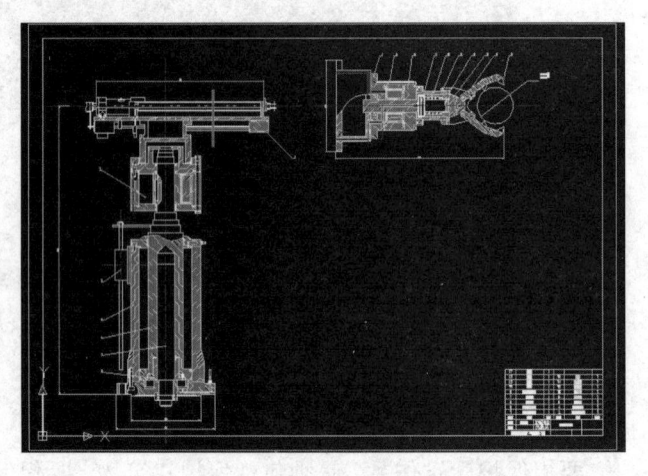

3.1.2 设计艺术作品的著作权特性

艺术作品设计的著作权主要包括两个特性，分别是独创性和可复制性。

1．独创性

作品独创性是作品取得著作权的重要条件，也是著作权作品的本质属性。

依据中国著作权法的有关规定，独创性的界定应该与创作活动相联系。因为作品是创作行为的结果，所以作品的独创性与作者的创作之间存在着密不可分的关系。如果离开了创作，孤立地探讨作品的独创性是没有意义的。

按照中国著作权法实施条例的规定，创作是指"直接产生文学、艺术和科学作品的智力活动"。具体来说，创作是作者将思想或感情通过外在形式传达给他人的行为。在创作过程中，作者将素材加以综合、整理、加工、凝练，并将自己的创作意图与构思寓于其中，运用自己的表现技巧和方法，按照自己的意志创作出反映作者个人风格的作品。

一般认为，中国著作权法中作品的独创性必须包含独立性和创造性两大要素。

(1) 独立性。独立性强调的是一种创作状态，具体是指作者通过自己的构思，运用自己的技能、技巧和聪明才智，独立完成作品，而不是抄袭、剽窃或仿冒他人作品。

(2) 创造性。除了独立性以外，著作权作品还必须有一定的创造性。就拿某些智力技艺劳动或纯工匠式制作来说，它们都具有独立性，但它们产生出的作品显然不是著作权要求的作品。例如工匠仿制、摄影翻拍等，无论其使用的技巧何等高超，均不具有独创性，因为它不具有创造性，实际上是一种复制行为。

创作作为人类精神生产的主要形式，具有鲜明的个性特征。只有具有创造性的作品才是真正表现了作者人格的作品。黑格尔曾指出："只有通过心灵而由心灵的创造活动产生出来的作品才能称其为作品。"因此，从一定意义上讲，作品的创造性就是指作品的个性，只有富有个性的作品才谈得上作品的创造性。著作权保护的是有个性的智力成果或艺术设计创作。

2．可复制性

独创性的作品必须用特定的形式表达出来，才能为他人感知，若仅存在于大脑中，著作权法认为那只是一种构思(idea)，并不予以保护。著作权保护的是"构思"的表达形式，如用声音表达出来的口头作品，用文字表达的文学作品，用图案、画面表达的美术作品等。正因为有了物质表达性，人们才可据此去操作、复制，作品才可以通过复制进行传播，一件作品如果不能被复制，也就不会被广泛传播，也就没有被著作权保护的必要了。

在高新技术环境下，通过电脑网络发表的作品、以数字形式传播的作品都符合"可复制性"的要求，可以得到版权法的保护。

3．其他法定条件

中国著作权法规定下述各项不能成为著作权客体。

(1) 法律禁止出版、传播的作品。

(2) 公有领域的作品，包括超过了法律保护期限的作品。

(3) 历法、通用数表、通用表格和公式。

(4) 有关时事新闻、报刊、广播电台、电视台刊登或播发的评论员文章、社论等。

3.1.3 艺术作品独创性的保护原则

艺术设计著作权作品必须具有创造性，那么如何保护艺术设计作品的创造性呢？一般认为，著作权保护的并不是作品的思想，而是作品的思想表现形式。这一规则在国际版权界普遍适用，即所谓"构思、理念与构思、理念的具体表达方式二分法"(idea/expression of idea dichotomy)理论。

版权保护的对象是创作人将其构思、理念加以具体化的"表达方式"，即 expression of idea(所谓表达方式，就是创作者将其无形、抽象的思想，以言语、文字、声音、色彩、符号等表现于外部，使一般人能通过听觉、视觉或触觉等感官的反应觉察其存在)，而非保护创作人的"构思、理念"(idea itself)，一般认为思维、构想或概念(concept)是不受著作权法保护的。

这一著作权规则也是符合艺术创作理论的。因为艺术家的艺术体验和艺术构思，必须通过各种艺术媒介和艺术表现才能形成艺术作品。普列汉诺夫曾讲过："艺术既表现人们的感情，也表现人们的思想，但并非抽象的表现，而是用生动的形象来表现，这就是艺术的最主要的特点。"黑格尔美学的核心是"美是理念的感性显现"，他认为艺术美的本质在于感性形式体现出理性内容。

可见，艺术表现在艺术创作中占有重要地位，设计艺术的基本特征之一就是造型性，即运用一定的物质材料，塑造出人可直观感受到的设计艺术形象。毕竟离开了造型表现，再好的设计构思与艺术体验也得不到实现，无法让其他人欣赏，只能停留在艺术家或设计师的头脑之中。

在设计创作实践中，即使思想或内容相同的作品，由于表现形式的不同也可能会体现出不同的个性。例如，在千禧龙年，珠宝设计师往往以龙为题，而又能设计出不同的造型……这些例子说明，即使设计的内容主题相同，通过不同的设计表达，也能形成各具特色的作品。以"龙"为主题的珠宝设计如图 3-6 所示。

图 3-6 以"龙"为主题的珠宝设计

因此，在著作权的判案实践中，独创性在很大程度上是指表现形式的独创性，对设计作品创造性的保护，就是对其创造性表现形式的保护。

3.2 艺术设计著作权

由于著作权法原则上对于实用艺术作品可以提供"从平面到立体的复制"的保护，这种保护与专利法的保护几乎无实质区别，因此，世界上大多数国家的著作权法对此都作出了限制和约束，以避免对同一客体的重叠保护。例如，美国著作权法只保护实用成分和艺术成分可以分离的实用艺术作品，对不能分离的可以提交外观设计专利申请保护。英国不对同一客体进行双重保护，不管其实用成分和艺术成分是否可以分离，只要没有用于工业生产，就与一般的美术作品一样受著作权法保护，外观设计如果取得了专利权就不再受著作权法保护。德国采取的是将实用艺术作品的著作权和外观设计合二为一的方式，著作权法明确保护实用艺术作品，并规定其包括了外观设计。目前我国对实用艺术作品采用双重保护模式。

3.2.1 艺术设计著作权的内容

著作权包括精神权(moral rights，又称人身权)和财产权两类。

1．精神权的内容

(1) 发表权。发表权的含义是，作者有权决定自己创作的作品是否发表，何时发表，以什么方式在什么地方发表。

构成著作权 "发表"的条件：一是由作者或作者授权后公开作品，未经著作权人授权的公开，不视为发表；二是作品必须被公众感知，即作品必须在一定范围内公开或者有一定数量的复本。因此，未经作者许可，擅自将作品公之于众，是非法发表，属于侵犯作者发表权的行为。

准确判断作品是否发表具有重要意义。因为著作权法严格规定了对"已发表"作品和"未发表"作品保护的区别。例如，使用他人未发表的作品必须经过版权人许可，并支付报酬。而使用他人已发表的作品也需要经版权人许可(合理使用和法定许可除外)，并支付报酬。中国著作权法规定的合理使用，大多是对"已经发表"作品的使用。由此可见，在判断是否侵权、确定赔偿方式等方面，"是否发表"是一个非常重要的因素。

(2) 署名权。署名权是指以创作者身份，在作品上署名的权利。创作者有权决定在自己设计创作的作品原件或复制品上是否署名，以及署真名、笔名、艺名、别名或假名。

具有合作作者身份的作者享有同等的署名权。如何行使应由合作作者协商，如署名的顺序，任何一方不得单独擅自行使。

对于改编作品，其原作者应享有署名权。改编作品应在适当的位置说明原作者名称。

(3) 修改权。所谓修改，是指作品创作完成后，为作品增加一些新的部分或者删除一些旧的部分所进行的改动。中国著作权法规定："修改权，即修改或者授权他人修改作品的权利。"即作者自己有权修改作品，另外作者有权禁止别人未经作者许可的修改。

(4) 保护作品完整权。保护作品完整权的实质是保护作品不受歪曲、篡改的权利，即未经作者授权，任何人不得改变作者的观点、作品的内容和形式，不得歪曲、篡改作品，以至破坏作品的完整性和损害作者的声誉。

目前这种侵权现象在广告行业非常突出。例如，某获奖摄影作品《俺爹俺娘》的作者告汇仁肾宝侵犯版权，因为它不但未经作者授权擅自使用照片，而且将照片中的人物调换了。又如，某眼镜店广告对希望工程中的"大眼睛"形象擅作改动，给她戴上了一副大眼镜。

作者的这一精神权利的保护不受时间限制，但在行使时却又受到一定的限制。例如为了建筑物的扩建、重建、修缮而对原设计建筑作品做必要的改动，这是著作权法允许的。

2. 财产权的内容

著作财产权，是指以复制、表演、放映、展览、发行、信息网络传播、摄制、汇编等方式使用作品的权利，以及许可他人以上述方式使用作品，并由此获得报酬的权利。

(1) 复制权。复制权即著作权人有权决定作品是否复制或许可他人复制。著作权法规定，复制就是用任何可能的方式将作品制作成一份或多份的行为。日本著作权法对复制的定义为"进行有形的再制作"。法国则规定复制为"用各种可使公众间接得知的办法对作品加以有形固定"。由此可见，不同国家对复制这一概念也有不同的理解和规定。

一般来说，构成复制的条件应该是：有一定的复制方式，复制品本身不具有创造性。

传统的复制方式有：印刷、复印、临摹、拓印、录音、录像、翻录、翻拍等。随着高新技术的发展，不断涌现出新的复制方式，只要它符合上文提到的复制的条件即为复制。例如"数字化"已被公认为是一种复制行为。

这里需要指出的是，中国著作权法规定，按照工程设计、产品设计图纸及其说明进行施工、生产，不属于本法规定的复制，但在有的国家(如法国)则把上述情形也规定为复制。

(2) 表演权。表演权即公开表演作品以及用各种手段公开播送作品的权利。

(3) 放映权。放映权是指作者对自己的作品通过无线电波、有线电视系统传播而享有的权利。

"播放"与"表演"是有严格区别的两个概念。表演主要是为了"再现作品"；而播放主要是为了"传播作品"。

(4) 展览权。关于展览权，各国有不同的规定，其分歧主要在客体。根据《著作权法》第十条的规定，展览为"公开陈列美术作品、摄影作品的原件或者复制件"。而德国著作权法要求将展览权的客体限定在"未发表的造型艺术原件或复制物"的范围内，而 WIPO(世界知识产权组织)认为"公开展出作品，主要是展出艺术作品的原件"。

需要注意的是，根据中国著作权法的规定，"美术等作品原件所有权的转移，不视为作品著作权的转移，但美术作品原件的展览权由原件所有人享有"。如图 3-7 所示为美术馆展出的画作。

(5) 发行权。发行权是指通过出售或赠予方式向公众提供作品的原件或复制件的权利。

图 3-7　美术馆展出的画作

(6) 信息网络传播权。信息网络传播权即以有线或无线方式向公众提供作品，使公众可以在某个人选定的时间和地点获得作品的权利。

(7) 摄制权。摄制权即以摄制电影或类似的方法将作品固定在载体上的权利。

摄制权与复制权有明显区别。摄制即根据情境、人物，塑造立体形象，表达主题，然后将这些形象以声音、画面、动作的方式记录下来。记录下来的内容与原作的内容基本相同，但表达形式不同，如剧本是文字表达形式，而据此摄制的电影是用动作、画面形式表达的。复制只是重复原作的表达形式，内容与原作也完全相同。将表演、景物机械地记录下来只能看成是复制，而不能视为摄制。

(8) 汇编权。汇编权即将作品或者作品的片段通过选择或编排，汇集成新作品的权利。

(9) 改编权。改编权即改编作品，创作出具有独创性的新作品的权利。

(10) 许可使用权。许可使用权即著作权人享有的许可他人以复制、表演、改编等方式使用作品，并由此获得报酬的权利。在广告设计业中，侵犯作品使用权的例子不胜枚举。例如，陕西某房地产公司只因在广告宣传中，擅自使用了北京某景象图片有限公司享有著作权的两张图片，而被判赔偿 8 万元。又如，北京某广告公司在给北京西单某有限公司设计的广告画面中，未经允许而使用了版权属于香港地区某图片社有限公司的图片，该广告还在北京某报上发表。结果某广告公司、西单某有限公司、北京某报被香港地区某图片社有限公司一起告上法庭，前三者不仅要在媒体上公开道歉，还要赔偿经济损失。像这样的例子还有很多。

许可使用，即授权使用，有专有许可使用和非专有许可使用两种形式。

① 专有许可使用，即被许可人对许可使用的作品在一定期限和范围内享有特定方式的专有使用权。专有权排除著作人在内的一切他人以同样的方式使用作品。

② 非专有许可使用，是指一般许可使用，著作权人可将自己的同一作品授权两个以上的人以同一方式使用。

著作权许可使用的方式，一般应采取书面合同的形式，并依照著作权法所规定的主要条款订立合同。根据《著作权法》第二十四条的规定，合同的主要条款有：许可使用的权利种类；

许可使用的权利是专有使用权或非专有使用权；许可使用的地域范围、期间；付酬标准和办法；违约责任等内容。

著作权的范围是随着现代科技文化的进步而不断扩大的，例如作品的数字化权，已经引起全世界的广泛关注。中国新修改的著作权法增加了信息网络传播权，这说明随着时代的发展，中国著作权法规定的著作权内容将会更加广泛。

3.2.2 艺术设计著作权的归属

1．设计创作者的认定

著作权法的一个根本原则就是保护设计创作者的权利。确定作者的身份(authorship)也就成为著作权制度的基础。关于作者，中国著作权法有以下规定。

(1) 创作作品的公民是作者。著作权法所称创作，是指直接产生文学、艺术和科学作品的智力活动。为他人创作进行组织工作、提供咨询意见、物质条件或其他辅助活动，均不视为创作。

(2) 由法人或者非法人单位主持，代表法人或者非法人单位意志创作，并由法人或者非法人单位承担责任的作品，法人或者非法人单位视为作者。

(3) 如无相反证明，在作品上署名的公民、法人或者非法人单位为作者。

2．著作权是自动产生的

中国著作权法规定：中国公民、法人或者非法人单位的作品，不论是否发表，都享有著作权，而且根据著作权法实施条例，著作权的产生无须履行任何手续，只要作品创作完成即自动获得著作权。

3．改编作品的著作权归属

中国著作权法规定，改编作品的著作权由改编人享有，但在行使著作权时，不得侵犯原作品的著作权。

4．合作作品的著作权归属

合作作品，是指两人以上合作创作的作品，合作作品应该具备"合意"和"合创"两个要素，即有合作创作的一致意愿，并且为完成共同的作品各自付出了创造性的劳动，作出了直接的、实质的贡献。为他人创作进行组织工作，提供咨询意见、物质条件，或者进行其他辅助活动，均不视为创作。

关于合作作品的著作权归属，中国著作权法有如下规定。

(1) 合作作品的著作权由合作作者共同享有，没有参加创作的人，不能成为作者。

(2) 合作作品是可以分割使用的，作者对各自创作的部分可以单独享有著作权，但在行使著作权时不得侵犯合作作品整体的著作权。

5. 汇编作品的著作权归属

中国著作权法规定，汇编作品由汇编人享有著作权，但在行使著作权时，不得侵犯原作品的著作权。

6. 职务作品的著作权归属

中国著作权法规定，公民为完成法人或者非法人单位任务所创作的作品是职务作品。

中国著作权法规定，职务作品的著作权由作者享有，但法人或非法人单位有权在其业务范围内优先使用。作品完成两年内，未经单位同意，作者不得许可第三人以与单位使用相同的方式使用该作品。

另外，有下列情形之一的职务作品，作者享有署名权，著作权的其他权利由法人或者非法人单位享有，法人或非法人单位可以给予作者奖励。

(1) 主要是利用单位的物质技术条件创作，并由单位承担责任的工程设计图、产品设计图、计算机软件、地图等职务作品。

(2) 法律、行政法规规定或者合同约定著作权由法人或者非法人单位享有的职务作品。

7. 委托作品的著作权归属

委托作品就是根据委托合同，由委托人委托他人设计创作的作品。

中国著作权法规定，委托作品的著作权的归属由委托人和受托人通过合同约定。合同未作明确约定或者没有订立合同的，著作权属于受托人。

8. 电影作品的著作权归属

电影作品的著作权由制片者享有，但编剧、导演、摄影、作词、作曲等创作者享有署名权，并有权按照与制片者签订的合同获得报酬。电影作品中的剧本、音乐等可以单独使用的作品的创作者有权单独行使其著作权。

9. 参赛设计作品的著作权

目前国内、国际的设计竞赛活动十分活跃，往往是企业面向社会征集标志设计、产品造型设计、建筑环境设计等作品，然后从参赛作品中选出最优设计方案，并给予设计者奖励。最后企业必然会对该设计方案加以改进和实施应用，为自己创造经济效益。

其实，参赛设计作品里也有一个设计著作权的问题，参赛者首先应保证其设计作品著作权的合法性。例如，中国某次手机游戏设计大赛的参赛规则中要求，参赛者对于参赛作品必须拥有合法著作权或使用权，不得侵犯任何第三方的合法权益，而且不得是处于商业运行的产品，否则，一旦发现立刻取消参赛资格。对于企业来说，它们一般会在征集广告后面注明，获奖作品的著作权归企业所有，而设计者获得一定数额的奖金，这样做的目的，就是为了避免今后可能因权利不明确而引发纠纷。对于设计参赛者来说，只要他将自己的参赛作品寄给组委会，也就意味着默许了企业对著作权的要求，即如果自己的设计方案被采用，自己只能要求企业兑现奖金，而不能再行使该作品的著作权。当然，如果设计方案未被企业采用，著作权仍然是自己的，企业不能侵占。

目前，问题最多的是有些企业不尊重设计者的创造性劳动。例如，中国某知名企业曾在媒体上征集企业标志和吉祥物的设计方案，后来却在未给予设计获奖者任何酬劳的情况下，公开使用该标志和吉祥物。设计者愤而告上法庭，最后该企业只好以赔偿了却此事。这一事件曝光后，该企业受到舆论界的广泛谴责，因为该企业领导者缺乏对他人知识性创作的尊重和基本的知识产权意识。

3.2.3 艺术设计著作权的限制

各国著作权法无一例外都对著作权加以限制，以利于作品的传播与利用，平衡作者权益与社会公众利益的关系。

著作权的限制主要有以下几种方式。

1. 时间限制

著作权法规定了著作权的保护期限。就公民的作品来说，著作权保护期根据人身权和财产权的不同而不同。著作权中的署名权、修改权和保护作品完整权不受时间限制，享有永久保护，即使作者去世，其继承人、有关机构或国家均有义务对这些权利予以保护。而著作权中的发表权和著作财产权有时间限制，一般从创作完成之日算起，截止到作者死亡后第50年的年底。对于合作作品，截止到最后去世的作者死亡之后第50年年底。

2. 合理使用

合理使用，是指在法律规定的下列情况下使用(如复制、翻译、引用、改编等)他人受著作权保护的作品时，可以不经著作权人的许可，也不必支付报酬，但应写明作者姓名、作品名称，并且不得侵犯著作权人依法享有的其他权利。

(1) 为个人学习、研究或欣赏，使用他人已经发表的作品。例如，为学习美术而临摹别人的作品是合理使用。

(2) 为介绍、评论某一作品或者说明某一问题，在作品中适当地引用他人已发表的作品。

(3) 为报道时事新闻，在报纸、期刊、广播电台、电视台等媒体中不可避免地再现或引用已发表的作品。

(4) 报纸、期刊、广播电台、电视台刊登或者播放其他报纸、期刊、广播电台、电视台已经发表的社论、评论员文章。

(5) 报纸、期刊、广播电台、电视台刊登或者播放在公众集会上发表的讲话，但作者声明不许刊登、播放的除外。

(6) 为学校课堂教学或者科学研究，翻译或者少量复制已经发表的作品，供教学或者科研人员使用，但不得出版发行。

(7) 国家机关为执行公务使用已经发表的作品。

(8) 图书馆、档案馆、博物馆、美术馆等为陈列或者保存版本的需要，复制本馆收藏的作品。

(9) 免费表演已经发表的作品。

(10) 对设置或者陈列在室外公共场所的艺术作品进行临摹、绘画、摄影、录像。

(11) 将已发表的汉族文字作品翻译成少数民族文字并在国内出版发行。

(12) 将已经发表的作品改成盲文出版。

在实践中，要注意将合理使用与抄袭、剽窃等侵权行为区分开。

3.2.4 个人设计作品与著作权

大多数设计艺术作品，例如产品艺术造型、包装装潢、服装、雕塑、建筑等，它们都属于著作权法所指的应用美术作品的范畴，只要具有著作权性，都是著作权保护的对象。

与工业产权(专利、商标等)相比，著作权有两个重要区别。

其一，著作权有更多的精神权保护，包括保护作品完整权、修改权等精神权利，它更强调个人的精神利益；而工业产权往往涉及企业的经济利益。比如，与专利相比，著作权较少强调作品是否适合工业应用，为企业带来经济效益。自古以来，不少作品的创作，其本身并不是因为商业目的，而是作者本人的有感而发和精神体现。从这一角度来看，著作权作品往往体现出很强的艺术性。

其二，著作权是自动产生的，即作品一经创作完成，只要具有著作性，其创作者就享有了该作品的著作权，而无须像工业产权那样需要申请或注册登记。

著作权的这两个显著特点无疑有利于保护个人设计师的利益，鼓励他们的艺术设计创作。

设计活动中有两个主体：一个是客户，一个是设计师。无论设计职业如何发展，设计都是由设计师完成的，必将反映出设计者的思想、情感和技艺水平。丰富的设计个性风格和表达方式是设计的灵魂。因此，个人设计师的创作比较有灵活性，他们可以根据客户的要求，加入自己的风格，设计出双方都满意的作品。还有些个人设计师则完全是追求个性化的设计创作，作品也具有很强的主观性和独创性，这样的设计作品除了经济利益外，也强调设计者自身的精神。如设计大师克拉尼(Luigi Colani)的设计作品多以展览方式待价而沽，极少考虑到商品化的可能，甚至以表现其设计哲学为主要目的。他所信奉的设计哲学是宇宙间没有直线(no straight line in the universe)。如图 3-8 所示为设计大师克拉尼和他设计的作品。

图 3-8 设计大师克拉尼和他设计的作品

前一种情况实际上就是一种委托性质的设计,个人设计师应注意防止委托方(甲方)侵犯自己的著作权。据报道,美国某建筑设计师曾受迪斯尼公司的委托,为其正在筹划的某世界公园的项目进行设计,后来迪斯尼在未与该设计师达成协议的情况下,擅自将其设计的规划方案图纸用于施工,结果被该设计师发现,以欺诈、盗用等罪名将迪斯尼告上法庭,从而挽回了自己的损失。

当然,设计师也要注意自己的设计作品是否存在侵权,以免给委托方造成损失。例如,前面提到的汇仁肾宝侵权的例子,据一项网上调查表明,近 80%的人认为这种侵权行为是违反道德和法律的,"广告假,东西也好不了""产品的品牌形象没有了,销售量能高吗"。设计侵权,委托方也会受到损失。因此,在设计是否侵权方面,设计师与委托方都应提高警惕,同时也建议在双方签订协议时,应对设计方提出关于侵权责任的归属问题。

个人设计师要保护好自己的设计作品,还应该明确一点:著作权法虽然规定著作权自动产生,为创作者提供了一系列专有权利,却并不保证创作者能够不受限制地行使这些权利,创作者需要了解和运用相关法律、法规,同时采取适当的措施来保护自己的作品免受侵害。一旦发生侵权行为,著作权人只有依法通过民事诉讼等途径要求对方赔偿经济损失,停止侵权行为。只有著作权人诉讼获胜,他的著作权才真正体现出来。所以,设计师更应该了解著作权法规,做到主动出击,积极合理有效地保护自己的著作权。

在当今社会,虽然国际公司的无名姓设计、集团化设计是现代设计的主流,但个人设计师依然很活跃,艺术设计风格也不断地走向多元化。随着知识经济的到来,社会消费模式、市场需求将呈个性化、多样化发展,个人设计师及其艺术设计作品也会日趋繁荣,相应地,其设计著作权的意义也必将更加重要。

3.3 艺术设计著作权的保护

《著作权法》第五十二条规定,有下列侵权行为的,应当根据情况,承担停止侵害、消除影响、赔礼道歉、赔偿损失等民事责任。

(1) 未经著作权人许可,发表其作品的。

(2) 未经合作作者许可,将与他人合作创作的作品当作自己单独创作的作品发表的。

(3) 没有参加创作,为谋取个人名利,在他人作品上署名的。

(4) 歪曲、篡改他人作品的。

(5) 未经著作权人许可,以展览、摄制电影和以类似摄制电影的方法使用作品,或者以改编、翻译、注释等方式使用作品的(著作权法另有规定的除外)。

(6) 使用他人作品,应当支付报酬而未支付的。

(7) 未经表演者许可,从现场直播或者公开传送其现场表演,或者录制其表演的。

(8) 剽窃他人作品的。

著作权法第五十三条规定,有下列侵权行为的,应当根据情况,承担停止侵害、消除影响、赔礼道歉、赔偿损失等民事责任;侵权行为同时损害公共利益的,由主管著作权的部门责令停止侵权行为，予以警告，没收违法所得，没收、无害化销毁处理侵权复制品，并可处以罚款。情节严重的，行政部门还可以没收主要用于制作侵权复制品的材料、工具、设备等；构成犯罪的，依法追究刑事责任。

(1) 未经著作权人许可，复制、发行、表演、放映、广播、汇编、通过信息网络向公众传播其作品。

(2) 出版他人享有专有出版权的图书。

(3) 制作、出售假冒他人署名的作品等行为。

本 章 小 结

本章主要介绍艺术设计与著作权法。第一节主要介绍艺术设计著作权作品的范围、设计艺术作品的著作权特性和艺术作品独创性的保护原则。第二节主要介绍艺术设计著作权的内容、归属和限制等。第三节介绍艺术设计著作权的保护。

思考练习题

1. 什么是作品的"合理使用"？
2. 试分析设计著作权的归属。
3. 举几个侵犯著作权的例子。
4. 构思、理念与构思、理念的具体表达方式二分法指的是什么？
5. 改编作品的著作权是如何规定的？

第 4 章

工业设计与专利法

本章导读

专利的重要性是不言而喻的。就拿专利文献来说，它是各国专利局及国际性专利组织在受理和审批专利过程中产生的官方文件及其出版物的总称。目前，约有 90 个国家、地区及组织使用大约 30 种文字出版专利文献，每年出版的专利文献总量约占世界每年各种图书期刊总出版量的 1/4。据世界知识产权组织的统计，世界上每年设计发明成果的 90%～95%皆在专利文献上记载，95%以上的新技术可以通过专利文献查到，并可以缩短科研时间的 60%，节省 40%的研究试验经费。

以上这些统计充分说明，世界上的许多设计、技术方案都申请了专利并获得保护。

4.1 专利的基本概念

什么是专利？"专利"一词，是从英文"patent"翻译而来，其原意是"公开的文件"，反映出专利的公开性，即设计发明人获得专利权的先决条件是将自己的设计发明公开。

现在谈到的"专利"一般有两种含义：一是指设计发明的专利权；二是指获得专利权的设计发明。

专利权是指按专利法的规定，由国家专利机关授予发明人、设计人或其所属单位，在一定期限内对某项发明创造在该国领域内所享有的独占权，包括专利产品的制造、使用、销售、许诺销售、进口，专利方法的使用及销售、许诺销售、进口，依照该方法直接获得的产品等方面的专有权。未经专利权人的授权，他人不得以生产经营为目的实施其专利。专利权有如下几个特征。

1. 独占性

独占性是专利制度的重要特征，一方面表现为对同一个设计发明创造，中国只授予一项专利权；另一方面表现为专利权人全面占有、使用、处分和收益其所拥有的专利权。

2. 法定性

法定性即专利权的取得必须经过申请、审查、公告、批准等一系列法定程序。这和著作权不同，著作权的取得一般无须法定程序。

3. 地域性

地域性是指在一国批准的专利权只在这一国家有效，在其他国家不能受到保护，要在其他国家享有专利权，必须依该国专利法申请并获准该国的专利权。

4. 时间性

专利权的保护有一定的时间限制，超过这一期限，专利权终止，相应的专利技术进入共有领域，人人都可以无偿使用。中国专利法规定，专利权保护期限为 20 年，实用新型和外观设计专利权保护期限为 10 年，均自专利申请日起计算。

依据中国专利法的规定，中国专利法的保护对象有三种类型，即发明、实用新型和外观设计。

4.2 发　　明

发明，是指对产品、方法或者其改进所提出的新的技术方案。发明与实用新型和外观设计一起，构成我国专利法所保护的对象。《专利审查指南》指出，技术方案是指对要解决的技术问题所采取的利用了自然规律的技术手段的集合。技术手段通常是由技术特征决定的。发明必须是技术方案，而且必须是新的技术方案。

4.2.1 设计艺术与发明活动

设计活动是创造新事物的活动，在本质上与发明有共通之处，亦是一个发现和解决问题的创造性过程。美国工业设计师协会近年来调查评价的结果表明，设计人才应具备的重要素质中，创造性地解决问题的能力被排在第一位。世界著名创意怪杰鲍勃·吉尔(Bob Gill)(见图 4-1)也在他的著作《不守规则创意》中指出："创意的问题在问题本身(The problem is the problem)。"

这里引用一个发明的例子：日本开始生产聚丙烯材料时，聚丙烯薄膜袋销路不畅，推销员在酒店休息擦汗时，突然想到，如果酒店里每块洗净的湿毛巾都用聚丙烯袋装好，一则毛巾不会干掉，二则是否用过一目了然。于是他申请了发明专利，仅花了 1500 日元就获利高达 7000 万日元。如图 4-2 所示，为聚丙烯湿巾袋。

现在设计界有人主张"设计艺术需要发明精神"，就是希望顺应设计与时代的发展，更好地将发明与设计艺术相结合。

图 4-1　世界著名创意怪杰 Bob Gill　　　　图 4-2　聚丙烯湿巾袋

4.2.2 发明专利的概念及专利授权的实质性条件

中国专利法所称的发明，是指对产品、方法或其改进所提出的新的技术方案，这里的"技术方案"不仅应提出需要解决的问题,而且提出了解决该问题的完整、具体、能够实现的方案。

中国专利法规定,授予专利权的发明,应当具备新颖性、创造性和实用性。

1. 新颖性

中国专利法规定,新颖性是指在申请日以前没有同样的发明在国内外出版物上公开发表过、在国内外公开使用过或者以其他方式为公众所知,也没有同样的发明由他人向专利局提出过申请并且记载在申请日以后公布的专利申请文件中。如图 4-3 所示为具有新颖性的包装设计。

图 4-3　新颖的包装设计

例如,某公司在建造一新式住宅的过程中,完成了一种名为"壁式建筑物的构筑装置"的发明,并实施于该住宅中。在该住宅建成并投入使用后,该公司就上述发明向中国专利局提出了发明专利申请,但专利局认为该发明在申请日之前已在国内公开使用过,丧失了新颖性,因此驳回了该公司的申请。

另外,根据专利法的规定,申请专利的发明在申请日以前的六个月内,有下列情形之一的,不丧失其新颖性。

(1) 在中国政府主办或者承认的国际展览会上首次展出的。
(2) 在规定的学术会议或者技术会议上首次发表的。
(3) 他人未经申请人同意而泄露其内容的。

2. 创造性

根据专利法的规定,创造性是指同申请日以前已有的技术相比,该发明有突出的特点和显著的进步。

所谓"进步",是指与最接近的现有技术相比前进了一步,通常表现在发明创造的应用能产生新的、更好的效果。

评价创造性是相当复杂的,目前"非显而易见性"是判断创造性的重要标准,即与现有技术相比,对于该领域的技术人员来说,该发明是非显而易见的。创造性产品的示例如图 4-4 所示。

3．实用性

实用性是指该发明能够在产业上制造或者使用,并且能够产生积极的效果。

实用性是授予专利权的前提。根据专利法的规定,申请专利的发明或者实用新型,应当在说明书中作出清楚、完整的说明,以便使所属技术领域的技术人员能够实现。如果原始申请所公开的内容缺少实施该发明或者实用新型的必要技术手段,比如仅仅是缺乏具体实施方案的设想或创意,只能看成是未完成的技术方案,不具备实用性。例如,只提出任务和设想,或者只表明一种愿望和结果,而未给出任何使所属技术领域的技术人员能够实施的技术手段;或者提出了解决手段,但对所属技术领域的技术人员来说,该手段仅是一个含糊不清、无法具体实施的方案;或者提出了解决方案,但所属技术领域的技术人员采用该手段并不能达到想要的目的……这些情形都不具备实用性。实用性产品的示例如图 4-5 所示。

图 4-4　创造性产品示例　　　　图 4-5　实用性产品示例

4．不授予专利权的内容

《中华人民共和国专利法》第二十五条规定,下列各项不授予专利权。

(1) 科学发现;
(2) 智力活动的规则和方法;
(3) 疾病的诊断和治疗方法;
(4) 动物和植物品种;
(5) 用原子核变换方法获得的物质。
(6) 对平面印刷品的图案、色彩或二者的结合作出的主要起标识作用的设计。

4.2.3　发明专利的申请和审批

1．发明专利的申请文件

根据中国专利法的规定,申请发明专利时应向专利局递交请求书、说明书及其摘要和权利要求书等文件。

请求书应当写明发明的名称，发明人或者设计人的姓名，申请人姓名或名称、地址，以及其他事项。

说明书应当对发明作出清楚、完整的说明，以所属技术领域的技术人员能够实现为准。必要的时候，应当有附图说明。摘要应当简要地说明发明或实用新型的技术要点。

权利要求书应当以说明书为依据，说明要求专利保护的范围。

2．发明专利申请的审查和批准

1) 初步审查

初步审查也称形式审查，它是专利审批程序的第一个阶段。在这个阶段，专利局主要是对申请人申请专利的手续和申请文件的格式进行审查，审查不合格的可以限期补正。

2) 早期公开

早期公开是指专利局收到发明专利申请后，经初步审查认为符合专利法规定的，自申请之日起满18个月在专利局公开发行的专利公报上公布该专利申请，专利局也可以根据申请人的要求早日公布申请。

3) 实质审查

实质审查是指以全面的检索为基础，确定专利申请是否具有新颖性、创造性和实用性。发明专利申请自申请日起3年内，专利局可以根据申请人随时提出的请求，对其申请进行实质审查。申请人无正当理由逾期不请求实质审查的，该申请即被视为撤回。另外，专利局认为必要的时候，还可以自行对发明专利申请进行实质审查。审查员实质审查后，认为不符合专利法规定的，将通知申请人，要求其在指定的期限内陈述意见，或者进行修改。如果陈述意见或修改后仍然不符合要求，申请将被驳回。

专利申请人对驳回申请的决定不服的，可以自收到通知之日起3个月内，向专利复审委员会请求复审。如果对专利复审委员会的复审决定不服，可以自收到通知之日起3个月内向人民法院起诉。

4) 批准授予专利权

发明专利申请经实质审查没有发现驳回理由的，专利局应当作出授予发明专利的决定，发给发明专利证书，同时予以登记和公告。发明专利权自公告之日起生效。

专利法规定了专利无效程序。即自授权公告之日起，任何单位或者个人认为该专利权的授予不符合专利法有关规定的，可以请求专利复审委员会宣告该专利权无效。专利复审委员会对宣告无效请求及时审查并作出决定，宣告专利权无效或者维持专利权。当事人对专利复审委员会的决定不服的，可以自收到通知之日起3个月内向人民法院起诉。

4.2.4 发明专利权的内容

1．独占实施专利权

独占实施专利权即专利权人既有自行实施专利的权利，又有权禁止他人未经许可的实施使用。中国专利法规定：发明专利被授予后，除法律另有规定的以外，任何单位或者个人未经专利权人许可，不得为生产经营的目的制造、使用、许诺销售、销售、进口其专利产品，或者使用其专利方法以及使用、许诺销售、销售、进口依照专利方法直接获得的产品。

这里有以下两个问题需要说明。

(1) "许诺销售"是指销售前的准备活动。例如，将产品陈列在商店中，列入拍卖清单，在报纸、电视、网络上作广告等，都明确表明了销售意愿，属于许诺销售行为。专利法规定许诺销售，是为了及早发现、及早制止侵权行为。

(2) 保护"使用、许诺销售、销售、进口依照专利方法直接获得的产品"是对方法专利的延伸保护。例如，有一种制造橡胶的工艺方法获得专利，在未经专利权人许可的情况下，甲使用相同的方法制造橡胶，乙将甲制造的橡胶销售给丙，丙采用乙售出的橡胶制造轮胎，丁用丙生产的轮胎制造汽车。在这一系列实施活动中，甲未经许可而使用了专利方法，无疑是侵权行为。乙和丙未经许可而销售、使用该专利方法所直接获得的产品(橡胶、轮胎)，也构成了侵权。丁则不构成侵权。

2．许可他人实施专利权

许可他人实施专利权即与他人签订书面合同，许可他人在一定时间、一定范围内使用专利权，许可人可收取许可使用费。

3．专利转让权

专利转让权是指专利权人有权将取得的专利权转让给他人，受让人由此成为专利权人。专利转让必须签订转让合同，并向专利局备案。

4．专利标记权

专利标记权即专利权人有权在其专利产品或者该产品的包装上标明专利标记和专利号。如注明"×国×年专利"字样。未经许可而使用他人专利标记或专利号的，属于假冒他人专利的行为。

4.2.5 发明专利权的保护

中国专利法规定，发明专利权的保护范围以其申请文件中权利要求的内容为准，说明书及附图可以用于解释权利要求。

《专利法》第六十条规定，未经专利权人许可，实施其专利，即侵犯其专利权，引起纠纷的，由当事人协商解决；不愿协商或者协商不成的，专利权人或者利害关系人可以向人民法院起诉，也可以请求管理专利工作的部门处理。

《专利法》第六十三条规定，假冒专利的，除依法承担民事责任外，由管理专利工作的部门责令改正并予公告，没收违法所得，可以并处违法所得四倍以下的罚款；没有违法所得的，可以处20万元以下的罚款；构成犯罪的，依法追究刑事责任。

《专利法》第五十九条规定，以非专利产品冒充专利产品、以非专利方法冒充专利方法的，由管理专利工作的部门责令改正并予公告，可以处五万元以下的罚款。

《专利法》第六十五条规定，侵犯专利权的赔偿数额，按照权利人因被侵权所受到的实际损失确定；实际损失难以确定的，可以按照侵权人因侵权所获得的利益确定。权利人的损失或者侵权人获得的利益难以确定的，参照该专利许可使用费的倍数合理确定。

《专利法》第六十八条规定，侵犯专利权的诉讼时效为两年，自专利权人或者利害关系人得知或者应当得知侵权行为之日起计算。

《专利法》第六十九条规定，有下列情形之一的，不视为侵犯专利权。

(1) 专利权人制造、进口或者经专利权人许可而制造、进口的专利产品或者依照专利方法直接获得的产品售出后，使用、许诺销售或者销售该产品的。

(2) 在专利申请日前已经制造相同产品、使用相同方法或者已经做好制造、使用的必要准备，并且仅在原有范围内继续制造、使用的。

(3) 临时通过中国领陆、领水、领空的外国运输工具，依照其所属国同中国签订的协议或者共同参加的国际条约，或者依照互惠原则，为运输工具自身需要而在其装置和设备中使用有关专利的。

(4) 专为科学研究和实验而使用有关专利的。

(5) 为提供行政审批所需要的信息，制造、使用进口专利药品或者专利医疗器械的，以及专门为其制造进口专利药品或者专利医疗器械的。

另外，为生产经营目的使用或者销售不知道是未经专利权人许可而制造并售出的专利产品，或者依照专利方法直接获得的产品，能证明其产品合法来源的，不承担赔偿责任。

4.3 实用新型

1. 实用新型的有关概念

目前世界上包括中国在内的部分国家实行实用新型保护制度。而各国对实用新型的称呼略有差异，如德国和中国称"实用新型"，日本称"实用新案"，法国称"实用证书"，澳大利亚称"小专利"等。

中国专利法规定，实用新型是指对产品的形状、构造或者其结合所提出的适于实用的新的技术方案。所谓产品的形状，是指产品的外部立体表现形式，且具有相当的体积。所谓产品的构造，是指产品的部件或零件的有机组合或连接，这些部件或零件具有一定的空间位置关系。实用新型产品的构造可以是机械构造或线路构造等。所谓技术方案，是指对采用技术手段，解决技术问题并产生技术效果的具体内容、步骤的清楚完整的描述。

实用新型也称为"小发明"，它与发明的主要区别在于：发明既包括产品发明，也包括方法发明；而实用新型仅指具有一定形状的物品发明。另外，相对于发明，实用新型的创造性水平较低。

实用新型对技术水平较低的发展中国家和工业发达国家的中小型企业十分重要。群众性的设计发明很多属于实用新型,意义十分重大。例如,日本虽然只是资源小国,但很重视小发明、小创造,积极推行实用新型制度。正是在这些小发明的基础上,日本崛起了一批驰名世界的大企业。比如东芝公司,在第二次世界大战后就靠一项电暖炉的实用新型而恢复元气。日本三菱电机公司,最初是靠一种结构简单、用于减轻家庭主妇家务劳动的电被褥烘干机起家,而后逐渐发展为国际知名企业的。日本实行实用新型保护制度,极大地促进了本国中小企业和传统民族手工业的发展,并在一定程度上也推动了日本工业设计的发展,这是一个成功的经验。

专利法保护的实用新型,必须符合以下几点要求。

(1) 必须是可移动的、占据一定空间的产品,而不是方法。
(2) 必须是有一定的形状与构造的产品。
(3) 要具备针对产品的新颖、实用的技术方案。

2．实用新型专利授权的实质条件

中国专利法规定,授予专利权的实用新型,应当具备新颖性、创造性和实用性的实质性条件。与发明专利的实质性条件相比,实用新型专利除了创造性要求较低外,其他基本相同。

根据专利法的规定,实用新型的创造性是指同申请日以前已有的技术相比,该实用新型有实质性特点和进步。其中所谓的"实质性特点"是指与现有技术相比有本质性的突破,不是现有技术的简单推导。

3．实用新型专利的申请和审批

1) 实用新型专利的申请文件

实用新型专利的申请文件包括请求书、说明书及其摘要、权利要求书、说明书附图,相比于发明,实用新型必须提交说明书附图。

2) 实用新型专利申请的审查和批准

实用新型专利申请经初步审查后,若没有发现驳回理由的,专利局即作出授予实用新型专利权的决定,发给专利证书,同时予以登记和公告。实用新型专利权自公告之日起生效。

实用新型专利的复审和宣告无效程序与发明专利的基本相同。

4．实用新型专利权的内容

实用新型专利是三种专利类型(发明、实用新型和外观设计)中的一种,实用新型是指对产品的形状、构造或者其结合所提出的适于实用的新的技术方案。专利法中对实用新型的创造性和技术水平要求较发明专利低,但实用价值大,在这个意义上,实用新型有时会被人们又称小发明或小专利。

5．实用新型专利权的保护

《中华人民共和国专利法》规定,实用新型专利权的保护范围以其申请文件中权利要求的内容为准,说明书及附图可以用于解释权利要求。

4.4 外观设计

外观设计是指产品的外表所作出的设计。所谓产品，就是人工制造出来的一切物品。美国曾依据字典的说法来定义产品："产品是指人的双手利用原材料制成的任何物品，不论该物品是直接用手制成的，还是使用机器制成的。"产品实际上涵盖了除自然物之外的一切物品。

外观设计是指产品的外表所作出的设计，还蕴含了外观设计的工业实用性，即使用了某一外观设计或具有某一外观设计的产品是可以批量复制生产的。如果不能批量复制生产，就不具有工业实用性，则不能申请专利。

外观设计是指形状、图案、色彩或其结合的设计。其中，形状是指三维产品的造型，如电视机、小汽车的外形。图案一般是指两维的平面设计，如床单、地毯的图案等。色彩可以是构成图案的成分，也可以是构成形状的部分。这样，外观设计可以是立体的造型，可以是平面的图案，可以辅以适当的色彩，还可以是三者的有机结合。图4-6和图4-7所示为外观设计的两个例子。

外观设计必须富有美感。事实上，运用形状、图案、色彩对产品的外表进行装饰或设计，必然会为产品带来一定的美感。当然，对于外观设计中美感的要求不能定得太高。在美国1930年的一个案例中，申请人就一件混凝土搅拌器的外观设计提出专利申请，专利局以缺乏装饰性美感为由，驳回了申请。法院则推翻了专利局的决定，指出"对于外观设计专利中美感和装饰性的要求，不能定义为在美术品或艺术品中所见的美和装饰性"。法院认为，外观设计专利法的目的是鼓励人们尽可能消除机器或机械装置上不雅观和令人厌恶的特征。图4-8所示为混凝土搅拌器。

图4-6 平面外观设计

图 4-7 立体外观设计

图 4-8 混凝土搅拌器

4.4.1 外观设计的概念及专利授权条件

1. 外观设计的概念

中国专利法所指的外观设计，英文名是"industrial design"。但它与人们平常所说的、传统意义上的设计(design)或工业设计(industrial design)并不完全相同。外观设计涉及艺术、美学领域，但其目的是确定厂商生产的产品或手工制造产品的外形。目前世界上不少国家和地区(如英国等)是将工业品外观设计作为一类独立的工业产权来保护，而不属于专利的范围。例如，在中国香港，各种产品的外观设计均可注册，包括计算机、电话、激光唱片机、纺织品、珠宝和手表等，注册外观设计的拥有人有权阻止其他人制造、使用、出售或出租其外观设计产品。

中国专利法中的外观设计，是指对产品的形状、图案或者其结合，以及色彩与形状、图案的结合所作出的富有美感并适于工业应用的新设计。

2．外观设计专利授权的条件

中国专利法所说的外观设计应该具备以下条件。

1) 以产品的形状、图案、色彩为设计对象

外观设计所谓的"形状"，是指产品的外部轮廓，一般是由点、线、面连接与组合而呈现的外表；"图案"则是指在一定形状的表面上表现的线条的排列或组合、变形文字的排列或组合，以及用色彩或明暗变化表现的图形。从规定来看，形状、图案、色彩分别处于外观设计的上位、中位、下位。其中，形状、图案可单独成为外观设计专利保护的对象，而色彩必须与形状、图案相结合，才能得到外观设计专利保护。

2) 以产品为载体

外观设计专利保护的是产品的外形设计，该设计必须以产品为载体。这就是为什么国际上又把外观设计称为工业产品外观设计的原因。如果没有这个因素，那么这种设计创作可以更确切地归属于艺术设计的范畴，对它的保护应该由著作权法而不是由工业产权法来规定。例如，在一张纸上创作出了一幅新的图形或图案，它只是一种能得到版权保护的艺术作品，只有把这种图案应用到具体的产品上，才能取得外观设计专利的保护。

外观设计专利只保护具体产品的外观设计，是基于这样的考虑：外观设计保护应限于设计人原来设想使用该设计的产品，这样做可以防止原设计人以后将该设计用于他人开发的新的用途，这一限制将允许其他公司对已知外观设计开发新的用途并进行使用。

3) 富有美感

外观设计的主要目的之一，就是为了吸引消费者的注意，驱动消费者的购买欲。早在20世纪30年代，美国著名设计师罗维就提出"设计促进销售"的口号，他强调必须赋予产品以美的形式，因为"丑货滞销"。所以专利法明确提出了外观设计必须富有美感的要求，即一般人认为是美观的，就可以认为符合要求。

不过，美感是一个极其抽象的概念，应该如何做评判，不同的人也许会有不同的看法，西方就有一句著名的谚语，"有一千个读者，就有一千个哈姆雷特"，正说明了这个道理。

目前，世界上许多国家的产品审美标准并不明确，一般认为只要产品不是丑陋的，不违反公共道德的，能被大家所接受的，就是符合美感的条件。

然而，在美感这一点上，专利局应该把好质量关，既然是外观设计专利，就不应该让设计低劣甚至毫无设计美感可言的所谓"专利"混进去滥竽充数，损害专利的声誉。近年来，专利局大力开展全国性优秀外观设计评比，正是出于这一目的，这项活动也引起国内企业与专业设计公司，甚至在校学生(包括中学生)的广泛关注，他们的积极参与，必将有力地推动国内整体设计水平的提高，也能使大众真正体会到设计的美感。

4) 适合工业上应用

外观设计必须是能应用于产业上并形成批量生产的新设计。批量生产一般包含两方面的含义：一是在数量上应达到国际上一般规定的50件以上的界限；二是必须满足在同一设计前提下最小的变形及最低的成本(包括时间、效率)。因此，有些简单的手工编制产品也可以包括在内，反之，对于需要较长时间才能完成一件的工艺品不在此范围内。

5) 新颖性

《专利法》第二十三条规定，授予专利权的外观设计，应当同申请日以前在国内外出版物上公开发表过或国内公开使用过的外观设计不相同和不相近似。

外观设计不相同，就是产品类别和设计至少有一个不相同。这里所说的产品类别，是指《国际外观设计分类表》中的分类。产品类别相同是指产品的用途和功能完全相同。

外观设计不相近似，主要是以下三种情况。

(1) 产品不相似，设计相同或相似。
(2) 产品相似，设计不相似。
(3) 产品相同，设计不相似。

例如，把一辆汽车的外观设计用到汽车模型上，就是不相似的外观设计。因为在《国际外观设计分类表》中，汽车和汽车模型的产品类型不相似。

至于外观设计中形状、图案、色彩(或其结合)是否相似的判断应当从整体外观上考虑，而不能把外观设计的各部分割裂开来，孤立地去看。比如，某外观设计的某些部分或所有部分已经在以前的外观设计中被采用并且被公开过，但只要当其各部分组合成整体时能产生一种特异的美感作用，仍应视为具有新颖性。例如，一张壁毯的图案设计同已公知的同类产品的图案相比，有若干处的形状、条纹或色彩是相同的，但整个图案则有明显的区别，给人以新的美感，就应视为具有新颖性。

另外，与发明专利和实用新型专利一样，一项外观设计如果在申请日前6个月内，有下列情况之一的，不丧失新颖性[①]。

(1) 在中国政府主办或承认的国际展览会上首次展出的。
(2) 在规定的学术会议或者技术会议上首次发表的。
(3) 他人未经申请人同意而泄露其内容的。

6) 不与他人在先取得的合法权利相冲突

他人的在先权包括著作权、商标权、肖像权、名称权等。例如，他人在先完成的美术作品，即使没有公开发表，按照著作权法的规定也是享有著作权的。如果有人通过某种途径获知该作品，并且未经作者同意而在其外观设计专利中采用该作品，就构成了权利冲突。

7) 不属于外观设计保护范围的物品

(1) 取决于特定地理条件、不能重复再现的固定建筑物、桥梁等。

在这里特别强调的是，随着经过第二次修改后在2023年12月11日颁布的《专利法》以及为之配套的《中华人民共和国专利法实施细则》和《专利审查指南》的实施，对于本条款的限定应该理解为：除了上述"取决于特定的地理条件"和"不能重复再现"这样两个限定条件以外的其他固定建筑物，已经纳入外观设计的专利保护范围，可以作为外观设计专利保护的客体，给予外观设计专利保护。例如，钱塘江大桥，如图4-9所示。

(2) 因其包含有气体、液体及粉末状等无固定形状的物质而导致其形状、图案、色彩不固

[①] 《中华人民共和国专利法》第一章第二十四条。

定的产品，如彩色泡沫球(见图 4-10)。

图 4-9 钱塘江大桥

图 4-10 彩色泡沫球

(3) 产品不能分割、不能单独出售或使用的部分，如袜跟、帽檐(见图 4-11)、杯把(见图 4-12)等。

例如，一种适合幼儿使用的双把手水杯，想要保护双把手的专利时应与杯子一同申请进行保护。

(4) 对于由多个不同特定形状或图案的构件组成的产品而言，如果构件本身不能成为一种有独立使用价值的产品，则该构件不属于可授予专利权的客体。例如，用相同的插接件插接成具有特定形状或图案的组件，其插接件不能构成独立产品，不能给予外观设计专利保护，仅仅当这样的插接件和其他可与其插接的插接件一起作为插接组件玩具，以一件外观设计专利申请提出，才能给予外观设计专利保护。

图 4-11　贝雷帽

图 4-12　水杯

(5) 不能作用于视觉或者肉眼难以确定其形状、图案、色彩的物品。

(6) 要求保护的外观设计不是产品本身常规的形态，如用手帕扎成动物形态的外观设计。

(7) 以自然物原有形状、图案、色彩作为主体的设计。

但如果对自然物进行加工，完全改变了自然物的原貌而形成一种新产品，则可以申请保护。例如：用曲柳木薄片贴面的组合框、用竹皮纵断面制成的竹合板、用海贝经加工研磨后形成的特定造型(见图 4-13)。

(8) 纯属美术范畴的作品。

例如，绘画、雕塑等，不给予外观设计专利保护。但是，对于那些可重复再现的工艺美术品来说，如一些小摆件(见图 4-14)、小雕像以及一些手工编制的工艺品都是可以批量生产的，则属于外观设计专利保护的范畴。

图4-13 贝壳艺术品

图4-14 小摆件

（9）仅以在其产品所属领域内司空见惯的几何形状和图案构成的外观设计。例如，一些常见的基础图案(见图4-15)不给予外观设计专利保护。

（10）一般文字和数字的字形以及字音、字义不能作为要求保护的外观设计的具体内容。例如，文字图案，如图4-16所示。

图 4-15　常见的基础图案

图 4-16　文字图案

4.4.2　外观设计专利的申请和审批

1．外观设计专利的申请

申请外观设计专利保护，应当提交请求书以及该外观设计的图片或照片等文件，并且应当写明使用该外观设计的产品及其所属的类别。申请外观设计专利所提交的图片或照片，不得小于 3 cm×8 cm，也不得大于 15 cm×22 cm。如果在外观设计专利申请的同时，请求保护色彩，应当提交彩色和黑白的图片或照片各一份。

申请外观设计专利保护，必要时应当写明对外观设计的简要说明。外观设计的简要说明应当写明使用该外观设计的产品的设计要点、请求保护色彩、省略视图等情况。简要说明不得使用商业性宣传用语，也不能用来说明产品的性能和用途。

另外，专利局认为必要时，可以要求外观设计专利申请人提交使用外观设计的产品样品或者模型。样品或模型的体积不得超过 30 cm×30 cm×30 cm，重量不得超过 15 kg。

2．外观设计专利申请的审批

中国外观设计专利审查程序采用先推定授权后确权的程序，即初步审查程序加无效审查程序所构成的审批方式。其特点是审查周期短、授权速度快。

该审查程序具体就是对一项外观设计提出专利申请后，经初步审查合格，专利局就对申请人发出授予专利权的通知。在申请人办理有关授权登记的事宜后，颁发其专利证书，并在《外观设计公报》中向全世界公告。在公告后至保护期届满的期间内任何人均可对该专利提出无效专利权的请求。

如果专利局经无效审查后，无效请求成立，专利局将宣告该外观设计专利无效。无效审查程序依靠全社会公众监督进行，尤其要依靠那些与该项外观设计的设计者同行业的专业人士及与该外观设计专利有利害关系的人监督进行。

4.4.3 外观设计专利权的内容及相关保护

1．外观设计专利权的内容

（1）独占实施专利权。

独占实施专利权即专利权人既有自行实施专利的权利，又有权禁止他人未经许可的实施使用。中国专利法规定：外观设计专利被授予后，任何单位或者个人未经专利权人许可，不得为生产经营的目的制造、销售、进口其外观设计专利产品。

（2）许可他人实施专利权。

（3）专利转让权。

（4）专利标记权。

2．外观设计专利权的保护

外观设计专利的保护范围以表示在申请文件的图片或者照片中的该外观设计专利产品为准。目前，国际上外观设计的保护形式有两种：第一种比较绝对化，即他人产品的外观形态与专利权人设计的外观形态相近似，就属于侵权行为；第二种比较宽松，即同一外观设计，只有使用在同一类别的产品上才算侵权，使用在不同类别的产品上就不属于侵权。中国外观设计专利实行的是第二种保护方式。在这种情况下，要注意外观设计专利与著作权的交叉保护，即可以用著作权保护其设计不被任意移植到其他工业品上，扩大保护外观设计专利保护不到的范围。

3．产品创新设计与外观设计专利保护

产品外观设计是形象思维与抽象思维相结合的创新性智力活动，属于知识商品。对于发展

中国家来讲，产品外观设计的保护尤为重要，因为它能够刺激这些国家艺术和民间的创造力，鼓励创新精神，并促进工业发展。

在专利中，外观设计是企业运用知识产权战略的重要载体。欧美工业界对外观设计的商业评价历来很高。美国相关部门的研究表明，投资于外观设计1美元，就会得到1500美元的利润回报。很显然，外观设计在工业设计与产品创新中的地位是非常重要的。

例如，苹果公司于1999年推出的iMac计算机，它以半透明绿色外壳这一独特并且极具亲和力的外观设计而大受欢迎。苹果又乘胜追击，共推出五款不同颜色的iMac，公司股价还因此回升。但是，随着iMac的成功，在PC阵营出现了效仿者，韩国PC厂商eMachine推出eOne个人计算机，也采用蓝色半透明外观设计，结果在市场上甚至一度挤下iMac。于是，苹果公司在1999年8月对eMachine公司提起诉讼，理由是该公司新上市的eOnePC机非法复制了iMac的外观设计。①如图4-17所示为苹果公司的iMac计算机。

图4-17 苹果的iMac产品

最新统计数据显示，中国目前外观设计专利数量已位居世界第一。

下面是国内一起外观设计保护的案例：1999年5月21日，某公司以××公司生产销售的"××燕窝王""××鸡精礼盒"两种产品侵犯其外观设计专利为由，向人民法院提起诉讼。该案日前由广东省高级人民法院终审判决，由××公司赔偿12 187 462.46元，成为中国当时外观设计专利侵权赔偿的最高纪录。

2021年2月22日晚，华为发布了新一代折叠屏旗舰：华为Mate X2，如图4-18所示。仅发布1天，京东平台预约人数就超过72万，华为商城预约人数超过317万，火爆程度可见一斑。华为发布会上对Mate X2的宣传是"最强折叠、最强性能、最强影像、最强旗舰"。华为发布会上称Mate X2双楔形设计是一种"平衡的美学"。专利法中的外观设计专利被定义为"对产品……所作出的富有美感并适于工业应用的新设计"，富有美感的新设计必须要用外观设计

---

① 资料来源：新浪网. 苹果控告Emachines"盗版"iMac(2)[EB/OL].(1999-08-23)[2025-04-18]. https://tech.sina.com.cn/news/computer/1999-8-23/4720.shtml?from=wap.

专利来保护。

图 4-18　华为 Mate X2 折叠手机

4.4.4　中国外观设计专利制度概述

1. 技术、功能与外形的区别化

中国当初制定专利法,将外观设计归入专利保护,主要是考虑外观设计与发明、实用新型在工业产权上的共性,而忽略了外观设计自身的独特性。从目前世界发达国家对外观设计的保护情况来看,这是有缺陷的。

按照中国现有专利法的规定[①],外观设计与发明、实用新型是有区别的。一般来说,发明与实用新型都着眼于技术功能,要求产生新的技术效果。而外观设计专利保护的范围,一般仅限于富有美感的产品的外表特征,至于内部构造的技术功能决定外表特征则不属于外观设计专利的保护对象。

可见,虽然实用新型和外观设计都设计了产品的形状,但实用新型是注重产品的形状所涉及的技术功能,而外观设计只是保护产品外表的形状、图案、色彩或其组合。相对而言,专利中的实用新型属于技术领域,而外观设计属于美学领域。

此外,实用新型是一种发明构思,它的保护内容是以记载技术特征的权利要求书(文字文件)为准,说明书和附图可以用来解释权利要求。而外观设计专利的保护内容是以直接表示在图片或照片(图片文件)中的指定产品的外观设计来确定的,因为文字描述显然不可能将一个产品的整体形状、图案、色彩准确、简洁地加以描述。

可见,专利法为了将发明、实用新型和外观设计区分开,在定义、规则以及审批授权等多方面加以差别化。然而,现代产品设计的外观越来越和功能联系紧密,实用新型和外观设计会出现交叉的情况。例如,外部造型美观大方,并且又能减少空气阻力的流线型汽车,对于这样的产品,既可以申请外观设计专利,也可以申请实用新型专利。又如,汽车轮胎的新花纹设计,如果从技术功能的角度考虑,因其增加摩擦有利于刹车,可以申请实用新型专利,也可以因其外观美感而申请外观设计专利,这都完全取决于设计人、申请人自己的选择。

---

① 《中华人民共和国专利法》中,对发明、实用新型和外观设计的定义在第一章第二条。

第 4 章　工业设计与专利法

再从工业设计的专业角度来看,以功能和式样、技术和美学的差别将发明专利、实用新型与外观设计专利进行区分,这其实与工业设计的整体观念、系统观念并不一致。国际工业设计组织提出:"工业设计,其目的在于决定产品的正式品质。所谓正式品质,除外形及表面特点外,最重要的是在于决定产品的结构与功能的关系,并获得一种使生产者与消费者都能满意的整体。"

例如,过去的美国汽车行业长期以来不称汽车设计为设计(design),而只是简单地称这个以外观造型为中心的活动为"式样"(styling)。这成为当时企业看法的基本表现,企业往往要求设计师(公司)提供新的产品造型,并没有其他要求。然而从 20 世纪 80 年代开始,这种态度发生了戏剧性的变化,除了产品和包装等的外形设计之外,企业开始要求设计师(公司)为它们解决工程技术方面的问题,在设计一个产品的同时,必须考虑它的技术特征、技术应用方式。图 4-19 所示为美国 20 世纪 80 年代之前的汽车"式样"。

图 4-19　美国 20 世纪 80 年代之前的汽车"式样"

可见,从工业设计的角度来看,发展功能性外观设计才是外观设计的根本,仅仅满足表面化美观的外观设计是不够的,这样的外观设计不是真正意义上的工业设计,是"低级"的设计。针对这一点,不但设计界有切身体会,即使在知识产权界和商界,也普遍存在"轻外观、重发明"的现象。这一方面说明国内的设计水平整体偏低(虽然外观设计专利数量庞大),另一方面也说明中国的外观设计专利制度的确存在一些问题。

中国专利法在定义、规则以及审批授权等方面,对外观设计和实用新型、发明加以差别化,是出于专利制度的考虑,然而,从工业设计的角度看,这样的差别化是不恰当的。对于这一点,设计师一定要心中有数,在设计活动中切不可将外观设计与发明、实用新型割裂开。

值得注意的是,一项有关欧共体外观设计与实用新型的法律指示草案已经公布,该草案通过著作权、外观设计与实用新型的特别法来共同保护欧共体国家的外观设计与实用新型创作。在德国,外观设计还能以实用新型的形式获得保护。这种整体化管理制度值得我们借鉴。

当然,对外观设计单独立法,也是解决这一问题的一种途径,事实上,许多国家也正是这样做的。

63

2. 外观设计审查

目前，中国外观设计专利制度存在的另一个主要问题是：不进行实质审查。这虽然是由本国国情决定的，但其弊端也是显而易见的，即大量重复的、缺乏新颖性的外观设计也能获得专利。与此相比，日本等国家的外观设计实行的是实质审查。其中，日本在审查时，需要对申请人申请的外观设计产品进行检索，而检索的范围是世界各国的发明、实用新型、外观设计公报、各类产品说明书、期刊，此外还要检索网上信息。

随着中国加入世贸组织，国外外观设计法对中国设计的影响逐渐表现出来。中国目前工业设计水平较低，各类产品存在仿冒现象。依照日本等国现行的外观设计审查标准，中国产品在该国获得外观设计的数量很少。比如，在中国外观设计中占很大比例的包装袋、标贴等，在日本是不能获得外观设计保护的。

日本特许厅对外观设计专利申请采取全面审查制，即对申请进行创造性、新颖性和工业性的审查工作。担任外观设计专利审查工作的审查员，必须是美术、工业设计专业或学习美术史的大学毕业生，而且必须经过国家的考试(最高级考试)，先担任助理审查员，由有经验的审查员进行指导，为期5年。然后参加正式考试，考试通过后才能成为审查员。此外还要到研究所学习法律，包括民法、特许法(发明法)、实用新型法、意匠法(外观设计法)和商标法、刑事诉讼法以及巴黎公约等法律知识。

日本外观设计实质审查所需的信息量很大，检索项目包括国内外的意匠公报，杂志，产品说明书，发明、实用新型公报等，此外还要检索网上信息。以上大量资料来源于各种途径，有的是由审查员定购、收集的，如杂志、产品说明书；有的是企业赠送或由特许厅通过企业、行会购买的。这些资料通过辅助人员的分类、摘做成卡片，再经过计算机扫描输入计算机，编织成完备的检索系统(D-TERM)，供审查员检索使用。

4.4.5 中国外观设计专利制度的改进

根据当前的情况与问题，有学者提出以下几点改进建议。

1. 外观设计专利单独立法，甚至设立独立的外观设计局

目前世界上大多数国家(尤其是欧美发达国家)是将外观设计单独立法予以保护，这样更明确了外观设计保护的范围及内容，也使消费者能够准确识别和判断。可以说，中国外观设计专利单独立法是大势所趋。

2. 建议外观设计引入新颖性检索制度

如果一项外观设计专利具有新颖性检索报告的证明，可有效地确保该专利的有效性和可靠性，对该专利的转让、实施、开发将产生巨大的帮助。如果对外观设计进行新颖性检索，还可以促进专利信息的推广和应用，为中国外观设计水平的提高打下基础。

因此，建设外观设计文献数据库及相应检索软件的开发已是当务之急。建成的数据库至少应包括用于检索的各种著录项目字段，如外观设计名称、公告号、分类号、申请人、设计人等。

此外，还应考虑图形特征分类。许多对外观设计进行实质审查的国家，都有自己本国的外观设计产品形状表述的分类，如日本的 Dterm(见图 4-20)。或者采用设计要点分类也是可行的。事实证明，这样的分类能大大提高检索效率。

图 4-20　日本 Dterm 产品图片

3．注册制与"秘密外观设计"制相结合

注册制主要是针对纺织、服装、冷饮、家具等行业，这些行业的产品市场周期短，往往设计一完成就会尽快上市，并希望获得外观设计保护。因此，传统的审批程序已不利于这类产品的保护。如果采取注册制，只要申请文件符合基本条件，而且缴纳了相应费用，这类设计就可以直接得到注册证书并享受相应的保护。这种程序用以保证审批的速度，它专为那些经常更新产品形状和装饰的工业企业的产品而设立。

而设立"秘密外观设计"制的目的，则正好与注册制相反，它主要是针对一些大型企业，它们在产品设计时就申请了外观设计，但是不希望该设计过早地为公众所知晓。目前，日本等国实行"秘密外观设计"制，以保证外观设计的公开与企业产品的公开同步进行。日本《外观设计法》第十四条规定：外观设计注册申请人可指定自外观设计权的设定注册之日起 3 年内的期间，请求在该期间内对其外观设计保密。

这样的细化保护制度，也是中国外观设计专利需要借鉴的。

4．实行局部外观设计保护

从国际上看，德国、美国、日本、韩国等发达国家已先后对产品的局部设计进行了保护，这大大增加了产品的保护范围。

例如，假设有人在传统冰箱的外形上设计了一个独特的把手(见图 4-21)，该把手的设计并不能获得中国外观设计专利，因为按中国专利法的规定，冰箱把手不是完整的产品，只是冰箱上不可分割的单独部件，不能在市场上单独销售。但是在日本、美国等国家，可以申请产品的局部外观设计，这样，不论以后冰箱如何变革，只要冰箱的把手与他所获得的外观设计相像，

设计师职业法规与道德

就侵犯了他的权利，需要支付费用。

根据 2020 年修订的《中华人民共和国专利法》，在中国也开始实行局部外观设计保护。

5．加强行业协会的作用

以日本外观设计保护协会为例，日本外观设计保护协会是以企业为成员的民间专业机构，其会员为外观设计申请量较大的 110 家公司，该协会设会长、理事长、理事、常务理事(现会长为日立公司担任)，协会下设总务部、计划调查部和业务部。

该协会主要的业务有：收集、加工有关公开的外观设计及获得专利的外观设计的情报，为外观设计申请专利进行申请前检索，研究外观设计现状与发展趋势等。就中国目前的情况来看，加强行业协会的作用，无疑是推动工业设计与外观设计保护水平的有效手段。

图 4-21　带把手的冰箱

4.5　专利权的有关原则

1．专利权的归属原则

在中国，可以说任何有行为能力的人都可以申请专利，申请被批准而取得专利权的人称为专利权人。对于专利权的归属，中国专利法有如下规定[①]。

(1) 执行本单位的任务或者主要是利用本单位的物质技术条件所完成的职务发明创造，申请专利的权利属于该单位。职务发明创造的申请被批准后，专利权即归该单位所有。专利权的所属单位应当对职务发明创造的发明人或设计人给予奖金，发明创造实施后，应根据其推广应用的范围和取得的经济效益，对发明人或设计人给予奖励。发明人或设计人虽未获专利权，但有在专利文件中写明自己是发明人或设计人的权利。

专利法所称发明人或设计人，是指对发明创造的实质性特点作出创造性贡献的人。在完成发明创造的过程中，只负责组织工作的人、为物质条件的利用提供方便的人或者从事其他辅助工作的人，不应当被认为是发明人或设计人。

(2) 非职务发明创造，申请专利的权利属于发明人或设计人，申请被批准后，专利权归申请专利的发明人或设计人所有，任何单位或个人都不得压制非职务发明创造。

所谓非职务发明创造，一般是指在工作时间以外完成的，并且没有利用单位的物质技术条件。此外，工作人员退职、退休一年后作出的发明创造也是非职务发明创造。

---

① 关于专利权人的相关内容主要集中在《中华人民共和国专利法》第一章总则部分，具体条款为：第一章第二条、第一章第十七条、第一章第六条。

(3) 两个以上单位或者个人合作完成的设计发明,一个单位或者个人接受其他单位或者个人委托完成的设计发明,除另有协议的以外,申请专利的权利属于完成或者共同完成的单位或者个人。申请被批准后,专利权归申请的单位或者个人所有。

2. 先申请原则

先申请原则,是指两个或两个以上的申请人就同样的设计发明分别提出专利申请时,专利权将授予最先提出专利申请的人。先申请原则鼓励发明人尽早向社会公开其发明,从而有利于发明创造的尽早推广应用。

目前世界上只有美国实行先发明原则,其含义是指谁先作出设计发明谁才有权取得专利。从理论上讲,先发明原则是合理的,因为既然是专利,它就应当属于最先研究开发出该专利技术的人。但从专利实务的角度来看,先发明原则却有许多难以克服的弊端。例如,为证明谁的设计发明在先,要耗费许多精力和费用,程序也相当复杂。

美国之所以要坚持这一原则,从深层次讲是因为这样可以对其重要的设计发明加以保密,不至于为获得专利而不得不尽早去申请和公开,有利于长期控制该技术。

3. 单一性原则

该原则是指只能就一项发明创造申请一项专利,不允许将两项以上的发明创造作为一件专利申请。实行这一原则的目的是便于对专利申请进行分类、检查和审查,在授予专利权以后,也便于专利权的转让和许可。

中国专利法就此原则有以下规定。

(1) 一件发明或者实用新型专利申请应当限于一项发明或实用新型。属于一个总的发明构思的两项以上的发明或者实用新型,可以作为一件申请提出。

(2) 一件外观设计专利申请应当限于一种产品所使用的一项外观设计。属于同一类别并且成套出售或者使用(即产品属于《国际外观设计分类表》的同一类,产品的设计风格相同,并且习惯上是同时出售或同时使用)的产品的两项以上的外观设计,可以作为一件申请提出。

外观设计所规定的"一种产品",是以国际外观设计分类表中规定的产品名称为依据。按照专利法的一般概念,产品的一部分如果不能单独出售,也不能互换使用,如帽檐、手提包上的背带、台灯的底座、操作台的桌面等,是不能作为一件独立产品的。而对于产品中可以出售的零件,如笔尖、表盘、表针等既可以作为独立的一件产品登记,也可以和钢笔、手表合在一起作为一件产品处理。

此外,还可以根据物品的性质来鉴别它是不是"一件产品"。例如牙刷和牙刷盒,按普通观念,它们应是两种不同的产品,从国际分类表来看也是如此,表现为两个不同大类的物品,因此不能作为一件申请提出。但是,在设计时,把牙刷盒制成和牙刷能活动连接的形式,使用时牙刷盒变成延长的刷把,不使用时,牙刷可放入盒内,这类的配套设计可以作为一件产品申请。

4.6 专利文献的使用

中国专利文献是拟定科研课题、制定科研规划、掌握国内外科技水平的重要参考文献，也是新产品开发、技术更新换代的主要依据。它集技术、法律、经济信息为一体，记载着解决一项技术课题(如方法、产品、用途、工艺过程、外观设计)的设计构思或技术方案，系统地记录了技术发展的全过程，记述设计发明的全部技术特征和保护范围，反映了世界设计发明的水平。

1. 中国专利文献的检索工具

中国专利文献的检索工具主要包括：中文版的《国际专利分类表》和《国际外观设计分类表》《发明专利公报》《实用新型专利公报》《外观设计专利公报》、中国专利公报的年度索引、中国专利只读光盘系列以及网上专利信息等。

查询网络文献，主要通过中国国家知识产权局专利检索及分析系统和中国专利公布公告网。检索中国专利文献，主要通过产品分类或关键词、申请人(专利权人)和申请号三个途径来进行。

就分类来说，发明或实用新型利用中文版的《国际专利分类表》来确定所查课题的国际专利分类号(即 IPC 号)，而外观设计专利使用国际外观设计分类(又称洛迦诺分类)。

2. 专利情报的特点

与其他情报来源相比，专利文献具有以下特点。

(1) 全面、完整、丰富。它包括了全世界除技术秘密外绝大部分有工业利用价值的技术进展。

(2) 系统。所有文献均严格按国际专利分类法分类，便于检索查找。

(3) 来源最稳定、连续。它由各国专利局出版发行，除战争、天灾等特殊情况外，从无间断。

(4) 技术内容清楚、具体。由于专利制度要求"以公开换取权利"，因而其内容能让普通技术人员理解。

(5) 技术公开快，甚至超前。由于绝大多数国家奉行"先申请者获专利权"的原则，人们抢先申请专利，有些技术也许现在还不实用，但未来可能会成为热门。

(6) 利用方便。不仅有系统、完整、规格划一的印刷品，还有定期提供的胶卷、光盘等出版物。许多国家的专利文献现已能在国际互联网上查找。

3. 专利情报在设计工作中的利用

面对如此重要的技术情报来源，企业应该从哪些方面加以利用呢？首先，利用专利资料可以了解国内外相关企业的技术投入动向。根据专利技术类型，可以推断哪些企业从事有关类型产品的生产。根据一段时间该企业申报专利的数量，可以判断该企业在有关技术和生产方面的投资规模。这样，对本企业了解国内外的竞争环境十分有用。比如，通过统计竞争对手有关设计、技术或产品的专利分布数,结合其市场占有率的情况,将市场占有率与专利分布数进行比较,可以看出竞争对手设计专利战略意图,进而采取相应的对策。实践证明,当某一企业于某一时期在某一技术领域有特别多的专利申请时,就预示着它即将改变市场战略。

其次,根据有关文献,可以充分地了解同行在技术创新方面的动向和拥有的各种技术手段,这不仅对本企业改进生产技术有很好的参考价值,而且有利于本企业研究开发部门更有针对性地进行设计与技术创新,避免重复工作并少走弯路。海尔集团在发展初期,通过专利检索,系统地收集了世界上 25 个国家 1974—1986 年的关于冰箱的专利技术,共 14 000 多项。对这些技术进行分析研究后得知,美国的冰箱发展方向是左右开门大容积化,日本冰箱的发展方向是多功能化,欧洲冰箱的发展方向是大冷冻节能化。在这种情况下,海尔决定将冰箱的变频化、变温化、智能化、居室化、衣柜化和医用专门化作为自己的发展方向,这样就领导了冰箱技术的新潮流,占领了技术制高点,成为冰箱行业世界一流企业。海尔有这样的名言:"站在巨人的肩膀上,你可以不是巨人,但你可以比巨人还高。"海尔的成功经验就是:利用专利检索,有效利用专利情报,预测未来,占领设计制高点。

当然,由于专利文献数量巨大,同时也由于文献的法律性质,使许多科技人员在利用时存在不少困难。因而,如果由熟悉专利工作的专门人员进行文献的收集、查找、分类、分析、翻译和编辑工作,将为各部门技术人员有效利用专利文献打开方便之门。这正是许多大型企业的知识产权部门设立专利情报科或文献情报组的作用。

本 章 小 结

本章主要介绍工业设计与专利法。第一节介绍了专利的基本概念,第二节介绍了有关发明的内容,其中包括设计艺术与发明活动;发明专利的概念及其申请、审批;发明专利权的内容和保护等内容。第三节介绍了实用新型的相关概念。第四节介绍了外观设计的概念及专利授权条件;相关专利的申请、审批和内容的相关保护;目前中国外观设计专利制度的缺陷和如何改进。

思考练习题

1. 什么是专利与专利权?
2. 什么是相同的外观设计?
3. 简述发明、实用新型、外观设计专利的定义与区别。
4. 简述专利的归属原则。
5. 什么是不相近似的外观设计?

第 5 章

商 标 法

设计师职业法规与道德

本章导读

商标是设计与知识产权中的重要组成部分。中外著名企业都深知商标是现代市场营销组合中最具个性化、差异化的产品组成要素，在品牌文化创立中有着极其重要的特殊功能。

5.1 商标的特征

世界知识产权组织对商标所下的定义是："将一个企业的产品或服务与另一个企业的产品或服务区别开的标记。"

商标的特征

1．商标具有与商品或服务的天然联系性

商标之所以被重视，首先是因为它与商品或服务相联系，离开了商品或服务，商标就失去了它赖以存在的物质基础。

2．商标是区别不同商品与服务的标记

商标必须是可见的，必须显著地与众不同。商标与商品或服务的质量、信誉联系在一起，是广大消费者识别商品或服务质量、信誉的标记。

3．商标是企业的无形资产

商标是现代市场营销组合中最具个性化、差异化的产品组成要素，在品牌文化创立中有着极其重要的特殊功能。商标设计是对厂商性质、产品性质、营销战略、市场影响、顾客心理等多方面因素的综合考虑和高度抽象，并加以艺术处理的结果。因此，商标是一种重要的知识商品和无形资产，它的价值通过使用该商标的产品或服务的价值来实现。

5.2 商标的种类

商标的基本功能是为了指明商品与服务的来源，但出于管理与使用等目的，商标又划分为不同的种类。

商标的种类

1．文字商标、图形商标、组合商标、立体商标

这是根据商标的构成形式要素进行划分的。

(1) 文字商标。文字商标是指以文字构成的商标，不附载任何其他的符号。文字可以是汉字、拼音字、数字、外文字母、少数民族文字等。文字商标的示例如图5-1所示。

(2) 图形商标。图形商标是指仅仅以图形构成的商标标志。然而就实践来看，这种类型的商标并不多见。这种商标形象鲜明生动，但表意不明确，不易称呼。图形商标的示例如图5-2所示。

(3) 组合商标。组合商标就是由文字和图形组合构成的商标。它的文字往往能反映企业名称和经营者的其他信息,图形则给人以直观的印象,便于公众记忆与识别。这种商标图文并茂,使用较多。组合商标的示例如图 5-3 所示。

图 5-1　文字商标 　　　　　　　　图 5-2　图形商标

图 5-3　组合商标

(4) 立体商标。立体商标是在 2001 年第二次修订的《商标法》中增加的内容。立体商标也称三维商标,通常是由具有立体感的图形和文字构成,例如麦当劳的金色拱门、可口可乐的流线型瓶体、人头马独特的八角形酒瓶、派克金笔的专用笔托造型等,都是世界著名的立体商标。立体商标的示例如图 5-4 所示。

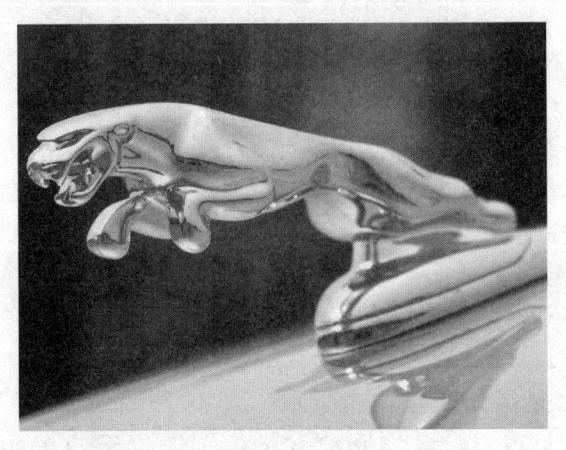

图 5-4　立体商标

根据来自著名的法国制酒企业人头马(Remy Martin)等公司的管理层介绍，在欧洲十分崇尚立体商标，且大有取代作为产品外包装的外观设计之势。因为外观设计的保护有期限，而商标的保护是无限期的。

2．注册商标、未注册商标

中国商标法[①]采取自愿注册与强制注册相结合的原则，即企业使用的商标注册与否，完全由企业自主决定，但国家规定的人用药品和烟草制品等极少数商品必须使用注册商标，否则不得在市场上销售。

（1）注册商标。注册商标，即经过商标主管机关核准注册的商标，只有注册商标才能依法享有商标权，受到法律保护。

（2）未注册商标。未注册商标，即未向商标主管机关申请注册的商标。企业需要取得商标专用权的，就要申请商标注册，不要求取得商标专用权的，法律也允许使用未注册商标，但它不受商标法保护。

未注册商标具有便利性、试用性、易变性，这些在一定程度上是它的长处。但未注册商标还具有不确定性和脆弱性，易于受到侵害，难以得到保护，甚至最终可能会失去该商标，这些都是未注册商标的致命弱点。例如，中国甘肃出版社的《读者文摘》杂志，因为没有及时申请商标注册，让国外畅销杂志 Reader's Digest 抢了先，结果不得不将《读者文摘》更名为《读者》。《读者》杂志的封面如图 5-5 所示。[②]

图 5-5 《读者》杂志的封面

[①]《中华人民共和国商标法》第一章第六条。

[②] 资料来源：新华每日电讯：《读者》，"中国人的心灵读本"发行量反弹了[EB/OL].(2021-04-23)[2025-04-18]. https://www.xinhuanet.com/2021-04/23/c_1127363550.htm.

3．商品商标、服务商标[①]

(1) 商品商标。商品商标是表明商品出处的标志，它能把不同企业生产的相同或类似的产品区别开来。《商标法》规定："自然人、法人或其他组织对其生产、制造、加工、拣选或者经销的商品，需要取得商标专用权的，应当向商标局申请商品商标注册。"

(2) 服务商标。自然人、法人或者其他组织对其提供的服务项目，需要取得商标专用权的，应当向商标局申请服务商标注册。服务商标是指服务的提供者为将自己的服务与他人的服务区别开来而使用的标志。对消费者来说，服务商标是服务内容、服务方式的一种象征，服务商标能让消费者识别服务的来源。对经营者来说，服务商标既是对自己所经营服务的广告宣传，也表明服务的质量和特点，是对自己所提供服务的质量的一种保证。

根据服务项目和服务方式的不同，可以将服务商标的适用范围划分为以下几个方面。

① 信息移动服务(例如广告、通信、商业信息代理等)。
② 货币移动服务(例如金融、保险、信用卡服务等)。
③ 使物质移动的服务(例如搬迁、邮寄货物等)。
④ 使人移动的服务(例如旅游、航空、铁路客运等)。
⑤ 以物的租赁为内容的服务(例如租赁、典当等)。
⑥ 智力服务(例如法律咨询、会计事务、工程设计等)。
⑦ 教育、娱乐服务(例如学校、戏剧表演、游乐场馆、健身等)。
⑧ 食宿服务(例如餐馆、饭店、宾馆等)。
⑨ 提供特殊或者专门的技术服务(例如美容、修理等)。

服务商标所指的服务并非仅限于盈利性服务，还包括非营利性服务。例如曾引起不小争议的"××阿姨"广告，就是侵犯了"希望工程"这一非营利性服务的商标。

4．集体商标、证明商标

(1) 集体商标。集体商标是指以团体、协会或者其他组织的名义注册，供该组织成员在商事活动中使用，以表明使用者在该组织中的成员资格的标志。

集体商标的使用有利于创立集体信誉，取得规模经济效益，有利于中国传统名优产品保护和开拓国内外市场。例如"云雾""乌龙""铁观音"等名称，历史悠久，家喻户晓，是传统名优茶叶的标志。这些名称已经在同一地方为多家企业使用并集体注册，形成了集体商标，外地企业不得使用，这样就有利于创立集体信誉，保护传统市场。如图5-6所示为铁观音商标。

(2) 证明商标。证明商标是指由对某种商品或者服务具有监督能力的组织所控制，而由该组织以外的单位或者个人使用于其商品或者服务，用以证明该商品或者服务的原产地、原料、制造方法、质量或者其他特定品质的标志。证明商标的一大特点是注册人自己不得使用该商标，只能由符合一定条件并履行一定手续的他人使用。

[①] 《中华人民共和国商标法》第一章第三条、第四条。

图 5-6　铁观音商标

　　证明商标的特殊用途在于其能够证明使用这类商标的商品或服务达到了统一的质量要求。这种质量要求由注册人负责检测与监督。例如国际羊毛局具有对纯羊毛产品作出检测、监督的能力。在中国也有"绿色食品""旅游定点"等证明商标，由相应的绿色食品、旅游定点认证机构保证商品质量和服务质量。

　　证明商标与集体商标都是由多个生产经营者或服务提供者共同使用的商标。但前者表明商品或服务的质量达到规定的特定的品质；后者表明商品或服务来自同一组织。如图 5-7 所示为绿色食品商标。

图 5-7　绿色食品商标

　　集体商标具有专用性，只有该组织的成员才可以使用，且不得转让。而证明商标不具备专用性，也就是说，任何具备条件的企业均可向注册人申请使用。证明商标注册后还可以转让给其他依法成立、具有检测和监督能力的组织。

第5章　商标法

5．驰名商标

按照中国商标法的有关规定，驰名商标是指在市场上享有较高声誉并为公众所熟知的注册商标。驰名商标是相对于普通商标而言的。

认定驰名商标应考虑以下因素。

(1) 相关公众对该商标的知晓程度。
(2) 该商标使用的持续时间。
(3) 该商标的任何宣传工作的持续时间、程度和地理范围。
(4) 该商标作为驰名商标受保护的记录。
(5) 该商标驰名的其他因素。

驰名商标一旦形成，即转化为巨大价值的资产，不仅会给商标所有人带来巨大的经济利益，而且会给国家和地区带来源源不断的财富。驰名商标具有普通商标所不可比拟的信誉价值，认定驰名商标的意义就在于对它提供更高水平的保护。普通注册商标的保护范围只限于在相同或类似的商品上对与注册商标相同或近似的商标的使用，而对驰名商标的保护范围则延伸至相同或近似的商标在非类似商品上的使用。

例如，杭州某酒厂曾生产注册商标为"天下景"的葡萄酒，其外包装的正面和两侧的图形、字体、色彩与美国菲利普莫里斯公司生产的"万宝路"卷烟包装盒基本相似，就连封口上印的商标都与"万宝路"卷烟封口上的商标相近似。虽然酒与烟不属于类似商品，但为了保护驰名商标，杭州工商局依法责令该酒厂停止销售该种葡萄酒，收缴"天下景"葡萄酒的全部外包装，并对该厂予以罚款。图 5-8 所示为万宝路产品商标。

图 5-8　万宝路产品商标

在商标实务中，中国是《保护工业产权巴黎公约》成员。例如，北京的"同仁堂"商标曾被一厂商在日本抢先注册，北京市药材公司以"同仁堂"是驰名商标为由，请求日本特许厅撤销不当注册的商标，日本方面在核实有关证明文件后批准了这一请求[①]。图 5-9 所示为北京"同

---

① 资料来源：中国法院网.驰名商标司法认定之我见[EB/OL]. (2024-12-19)[2025-04-18]. http://fmx.lncourt.gov.cn/article/detail/2024/12/id/8305474.shtml.

仁堂"商标。

当前,中国已进入了一个品牌竞争的时代。人们通常所说的名牌,是对有一定信誉的商标的约定俗成的称谓,它并不是一个严格的法律概念,目前还难以得到像驰名商标那样的法律保护。驰名商标是无可非议的名牌,而名牌却不一定是驰名商标。只有驰名商标才能依法受到扩大范围的保护,因此创立驰名商标是名牌寻求扩大法律保护范围的有效途径。

图 5-9 北京"同仁堂"商标

商标注册的条件

5.3 商标注册的条件

商标应具备以下条件才可在申请注册后成为注册商标,取得商标权保护。

1. 显著性

中国商标法规定,商标无论使用文字、图形还是其组合,无论是二维的还是三维的商标,都应当具有显著性,以便于识别。

商标要达到显著性,途径有两种:一是在设计时注意简练突出,富有自身特色,做到易记、易懂、易读、易看、易听、易写。例如,"KODAK"(柯达),发音铿锵有力,节奏感强。"CoCa-CoLa"(可口可乐)(见图 5-10)则具有响亮悦耳的音韵美,这些都是成功范例。二是通过使用取得显著性。即商标本

图 5-10 可口可乐商标

身缺乏设计和显著性,但经过长期使用,使公众对商标及其标记的商品或服务产生了认同感,进而产生显著性。如"Jeep"(见图5-11)、"555"等。

图 5-11　Jeep 商标

根据商标法的有关规定，实践中常见的缺乏显著性的情况主要有以下几点。

(1) 仅以变通形式、过于简单的几何图形构成的商标，不易产生感官印象，不具备商标识别作用。

(2) 过于复杂的文字、图形或其组合的商标，也不具备商标识别作用，缺乏显著性。

(3) 仅使用商品的通用名称、图形、型号的商标缺乏显著性，但经过使用取得显著特征，并便于识别的除外。例如，某丝绸分公司申请注册的商标为"苏绣"。商标局经过初审认为，"苏绣"是以苏州为中心的刺绣产品的通用名称，不宜由某一家企业作为商标专用，于是驳回了注册申请。

(4) 仅以变通字体的阿拉伯数字构成的商标，当然也有少数商标实例除外。图 5-12 所示为数字变形的商标。

图 5-12　数字变形的商标

以数字作为商标在许多国家被认为其缺乏显著特征，因为数字为全人类所共有的而不应归某一生产者所独占，因而不予注册。而且数字商标使用在习惯于以数字做型号或货号的商品上，其数字易与其对应商品的型号、货号、批号等相混淆,更缺乏显著性。例如"333"(火炉用具)、"1019"(香水、唇膏)等商标。有一些国家的法律规定数字可作为商标注册,但以该商标已经广泛使用或已出名成为名牌为条件,如认为"555"(香烟)就具有显著性。

(5) 仅用常见的姓氏以普通字体构成的商标,且指定使用于日常生活用品与日常服务的,缺乏显著性。但姓氏商标以特殊形式的字体表现的,或者指定使用于非日常生活用品与非日常服务的不受此限,比如"孙氏"(计算机维修服务)。

(6) 民间约定俗成的表示吉祥的标志,且指定使用于日常生活用品或者日常服务的商标,缺乏显著性。但使用于非日常生活用品或非日常服务中,或者非标志化的吉祥用语,均不受此限。

(7) 常用于商贸中的语言或者标志构成的商标,以及用普通形式的本商品的包装、容器或者装饰性图案作商标的,均缺乏显著性。

(8) 直接表示商品的质量、主要原料、功能、用途、重量、数量及其他特点的商标缺乏显著性,但经过使用取得显著特征,并便于识别的除外。例如,日本石原产业株式会社向中国商标局申请注册"稳杀得"商标,使用该商标的商品是除草剂。商标局经审查认为:"稳杀得"文字商标含有叙述性,意指使用这种化学制剂,对于杂草或病虫害的杀伤力稳妥可靠,与使用该商标的商品有直接联系。"稳"直接涉及商品质量,"杀"说明商品的用途和功能,因此不能核准注册该商标。

(9) 非独创性的广告用语,比如"长生不老"(药品)、"一流高手"(煤气灶具)等,缺乏显著性,不具备商标识别作用。

(10) 以三维标志申请注册商标的,仅由商品自身的性质产生的形状、为获得技术效果而需要的商品形状或者使商品具有实质性价值的形状,不得注册。

2. 合法性

根据《中华人民共和国商标法》2019年修正版第一章第十条的规定,商标不得使用下列文字、图形。

(1) 同中华人民共和国的国家名称、国旗、国徽、军旗、勋章相同或近似的,以及同中央国家机关所在地(中南海)特定地点的名称或者标志性建筑物(紫光阁、新华门、人民大会堂等)的名称、图形相同的。

(2) 同外国的国家名称、国旗、国徽、军旗相同或者近似的。例如,北京某包装有限公司向商标局申请注册的商标,为椭圆形外框,除文字外,内有一个十分醒目的鹰图,双翅张开,鹰嘴叼绶带,双爪与翅平行,各持一枝橄榄叶,胸部为竖条盾牌结构。商标局在审查时认为,该商标与墨西哥国徽近似,具体表现在:墨西哥国徽的外框为圆形的外框,其显著部分亦为鹰图案,鹰的基本造型与申请商标相差无几,区别只在细微之处。据此,商标局驳回了其对该商标的申请。

(3) 同政府国际组织的名称、旗帜、徽记相同或者近似的。例如,上海某电容器厂曾申请注册使用EEC牌商标,结果被商标局以"EEC"与欧共体缩写名称相同为由而驳回。

(4) 同"红十字""红新月"的标志、名称相同或近似的。

(5) 与表明实施控制、予以保证的官方标志、检验印记相同或者近似的。如政府职能部门的检疫检验标志等。

(6) 商标中有商品的地理标志，而该商品并非来源于该标志所标示的地区，误导公众的，不予注册并禁止使用。但是，已经善意取得注册的继续有效。地理标志是指标示某商品来源于某地区，该商品的特定质量、信誉或者其他特征，主要由该地区的自然因素或者人文因素所决定的标志。

(7) 带有民族歧视性的。

(8) 夸大宣传并带有欺骗性的。如"长寿"香烟。

(9) 有害于社会主义道德风尚或者有其他不良影响的。这主要包括在政治上具有不良影响的；以中国各党派、社会团体、政府机构的名称、简称及标志作为商标易在社会上产生不良影响的；以宗教派别的名称、偶像作商标，有伤宗教感情，易产生不良影响的；侵犯他人姓名、肖像、笔名、版权、外观设计等民事权利的；抄袭他人具有独创性的商标违反诚实信用原则的等。

(10) 县级以上行政区划的地名或者公众知晓的外国地名，不得作为商标。但是，地名具有其他含义或者作为集体商标、证明商标组成部分的除外。已经注册的使用地名的商标继续有效。

3．无争议性

《商标法》第三十条规定："申请注册的商标，凡不符合本法有关规定或者同他人在同一种商品或者类似商品上已经注册的或者初步审定的商标相同或者近似的，由商标局驳回申请，不予公告。"

是否属于"同一种商品"，主要是按照商品的功能、用途、性能、原料、销售渠道等的相同程度来判断。

是否属于"类似商品"，主要是看其功能、用途、原料、销售渠道等是否具有一定的共同性，而且使用相同、近似的商标容易引起消费者误认误购的。例如大衣、浴衣、夹克等，它们在功能、用途、原料、销售渠道等方面都具有一定程度的共同性，如果使用相同、近似的商标，很容易使消费者误认为是同一家企业生产的商品，因此这些商品是类似商品。又如人用药品与农药、兽药虽然同在《商标注册用商品和服务的国际分类表》的第5类，但由于它们的功能、用途均不相同，也不会引起消费者误认误购，所以不构成类似商品。

至于商标的相同、相似性，主要是视觉上的判断，这有些类似于专利法中的外观设计的判断。"相同商标"是指构成商标的可视性标志，包括文字、图形、字母、数学、三维标志和颜色组合，以及这些要素组合，在视觉上无差别或差别细微。近似商标是指构成商标的可视性标志，在视觉感知、读音、含义或者整体结构上有一定差别，但又难以使人区分开来，容易造成消费者误认误购的商标。

申请注册的商标与他人在同一种商品或者类似商品上已经注册的商标相同或近似，这种现象在现实中比较常见。这除了偶然巧合以外，大多是抄袭仿照他人的商标而引起的。

不过，就这条规定来看，如果申请注册的商标与已经注册的商标(非驰名商标)在商品分类上不相同和不近似，那么即使该申请注册的商标(在外形上)是抄袭已经注册的商标，它仍然可能被授权。

4．无冲突性

《中华人民共和国商标法》2019年修正版第一章第九条和第三十二条规定如下。

1) 不得与他人的驰名商标冲突

(1) 就相同或者类似商品申请注册的商标是复制、模仿或者翻译他人未在中国注册的驰名商标，容易导致混淆的，不予注册并禁止使用。

如果申请注册的商标是复制、模仿或者翻译他人未在中国注册的驰名商标，但是在不相同和不相似的商品上使用该商标，并且不容易导致消费者混淆的，这样的商标可以注册。比如，他国的某驰名商标是在计算机产品上使用，而国内有人将该商标在广告类服务上申请注册，那么这个商标是有可能被授予商标权的。

(2) 就不相同或者不相类似的商品申请注册的商标是复制、模仿或者翻译他人已经在中国注册的驰名商标，误导公众，致使该驰名商标注册人的利益可能受到损害的，不予注册并禁止使用。

2) 不得与他人的在先权利冲突

这里的在先权利是指在申请商标以前他人已经合法取得的权利，包括外观设计专利权、著作权、企业名称权、肖像权等。

如果申请注册的商标(在外形上)是抄袭已经注册的商标，但与已经注册的商标(非驰名商标)在商品分类上不相同和不近似，它仍然可能被授权。这时，已经注册商标的权利人要想阻止这种授权，就可以考虑通过在先版权的保护途径。

3) 禁止恶意抢注

中国商标注册实行先申请原则。实践中，有些商标具有独创的设计，也有一定的使用时间和范围，并通过大量的广告宣传投入而具有一定的影响力，但商标使用人可能因疏忽或其他原因，未及时将该商标进行注册，结果让同行业的其他人抢先注册。

为此，《商标法》第三十一条规定，申请商标注册不得以不正当手段抢先注册他人已经使用并有一定影响的商标。

据此可以判断下述商标存在的种种问题。

(1) 稳杀得(杀虫剂)——直接表示商品质量、用途。
(2) PDA(电子商务)——商品通用名称。
(3) EEC(电器)——与国际组织(欧共体)的名称相同。
(4) 男霸天(酒)——违反社会公德。
(5) 透心凉(雪糕)——直接表示商品质量。
(6) VOLVO(音箱)——与驰名商标近似。
(7) 谢谢你(卫生纸)——日常用语。
(8) 追求巅峰、满足享受(香烟)——常用广告宣传用语，缺乏显著性，且对商品功能、作用进行直接描述。
(9) (奶制品)——该商标下部虽有英文"Bonne Maman"，但文字在商标中所占比例太小，且不清晰，从整体上看该商标是一个图形商标，如图 5-13 所示。这种图形是奶制品经常使用的包装容器，不具备商标的显著特征，不能为某一企业独家注册使用。

图 5-13　奶制品包装瓶

(10) (糖果、月饼)——该商标是中国民间喜庆、恭贺的常用图形，将非独创的且为许多商家使用的图形作商标，缺乏商标应有的显著性，如图 5-14 所示。

(11) (高尔夫球杆)——英文"titanium"译为钛，化学元素符号为 Ti，用于高尔夫球杆商品上表示原料特点，如图 5-15 所示。

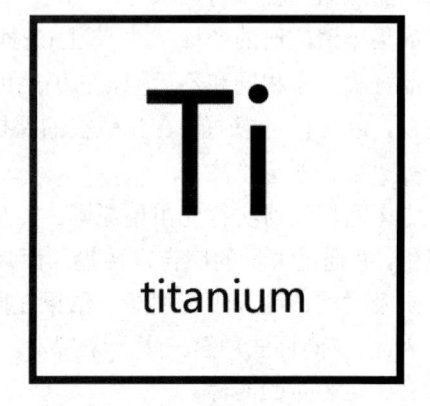

图 5-14　月饼礼盒　　　　　　　　　图 5-15　高尔夫球杆商标

(12) 曼哈顿(快餐馆)——曼哈顿是美国的地名(纽约市的一个区)，是联合国总部的驻地，为公众知晓，不得作为商标注册，如图 5-16 所示。

图 5-16　美国地名

(13) (服装)——SOFT TOUCH(柔软接触)是描写织物质地柔软的常用词语。"SOFTOUCH"在读音上与"SOFT TOUCH"完全相同,形式上仅将前后两个"T"叠合。因此,该商标比较直接地表示服装商品的质地柔软,为表示商品特点的词语,不能作为商标进行注册。

(14) (饮料、食品)——"大饿霸"是"大恶霸"的谐音,容易产生不良的社会影响,因此不能作为商标注册。

(15) (洗衣机)——该商标名称直接表明了洗衣机商品的功能,不能注册。

(16) (服装)——"Lady's"的中文含义是夫人、女士,为社交及日常生活称谓用语,如果该商标用于服装商品上,会让人以为该商品是女士服装,专为女性设计,直接表示商品的使用对象,不能作为商标注册。

(17) (化工用品)——以圣佛和释迦牟尼像作为商标,对于佛教界来说是不能接受的。在商标法中,属于以宗教派别的名称、偶像作商标,有伤宗教感情。

5.4 注册商标的有关程序

企业或个人要想取得商标权,应当按照中国商标法的规定,经过申请、初步审查、审定公告和核准注册的程序。另外,在商标的申请注册过程中或核准注册后,还可能有异议、争议、撤销、续展、注销、转让和使用许可等程序。

1. 申请

申请人提出商标注册申请,必须向商标局提交商标注册申请书一份,商标图样 5 份(指定颜色的,应当提交着色图样 5 张、黑白墨稿 1 份),还应当按规定的商品分类表填报使用商标的商品类别和商品名称。中国使用的是《尼斯协定》制定的《商标注册用商品和服务的国际分类表》,把全部商品划分为 34 个类别,把服务项目划分为 8 个类别,共 42 个类别。

申请提交的商标图样必须清晰、便于粘贴,用光洁耐用的纸张印制或者用照片代替,长或者宽应当不大于 10 cm,不小于 5 cm。

以三维标志申请注册商标的,应当在申请书中予以声明,并提交能够确定三维形状的图样。

以颜色组合申请注册商标的,应当在申请书中予以声明,并提交文字说明。

申请注册集体商标、证明商标的,应当在申请书中予以声明,并提交主体资格证明文件和使用管理规则。

2. 初步审查

中国商标局收到申请书后,要对其进行初步审查,它又分为形式审查和实质审查两个阶段。

形式审查是对申请手续的审查,主要是看申请是否符合法定的条件和程序,它是实质审查的前提。

实质审查是在形式审查通过之后,对申请内容的审查,主要看:申请注册的商标是否具有显著性、合法性,是否与他人在同一种商品或者类似商品上已经注册的或者初步审定的商标相同或者近似,是否与他人驰名商标相冲突,是否与他人在先权利相冲突等。

经初步审定的商标,在商标局定期出版的商标公告上进行公告。对于不符合有关规定的,驳回申请。如果经审查认为可以修正的,商标局会发给申请人审查意见书,建议申请人进行修正。

对于驳回的商标申请,申请人不服的,可以自收到驳回通知之日起15日内向商标评审委员会申请复审。如果对商标评审委员会的决定不服的,可以自收到复审决定通知之日起30日内向人民法院起诉。

3. 审定公告、异议

经初步审定的商标,在商标局定期出版的商标公告上进行公告。但初步审定公告并不意味着申请人已经取得了商标专用权,它只是商标注册申请的一个中间环节。其目的在于广泛征询社会意见,以有利于商标局作出正确决定。

自审定公告之日起3个月内,任何人都可以对公告的商标提出异议。异议审查程序主要是征询社会对初步审定商标的意见,实行商标审查工作的社会监督,有助于及时纠正商标审查工作中存在的偏差。

依照商标法的规定,异议就是对商标局初步审定的商标提出不同的意见,要求商标局对初步审定的商标不予注册。当事人若对异议裁定的结果不服,还可以向商标评审委员会请求复审。例如,某烟草公司对菲利普某产品有限公司在烟草制品上申请注册的"DE NTC"商标提出异议,在商标局裁定异议不成立之后,又向商标评审委员会申请复审,其理由是:"NIC"是NICOTINE(尼古丁)的缩写,与"DE(除去、减少)"组合,对本商品带有欺骗性夸大宣传。被异议人答辩称:词典中无"DE-NIC"一词,"DE-NIC"属于独创的臆造词,无任何含义。该商标已在美国获准注册,并经中国商标局审定,证明其具有显著性。商标评审委员会经复审认为:"DE-NIC"一词作为烟草制品上的商标,对本商品已有明显的表述,并足以使消费者对其尼古丁的含量产生误解。据此,终局裁定异议成立,"DE-NIC"商标被撤销,不予核准注册。

4. 核准注册

初步审定的商标在初审公告期满(3个月)无异议的,或经裁定异议不能成立而当事人又不提请复审或复审不成立的商标,由商标局核准注册,并在《商标公告》上予以公告。申请人在见到公告后缴纳注册费、印花税,商标局即发给《商标注册证》,至此,申请人取得注册商标专用权。而经裁定异议成立的商标,不予核准注册。

中国商标法规定,商标注册人有权标明"注册商标"或注册标记,即"R",注册标记一般应当标注在商标的右上角或者右下角。

5. 注册商标的争议与撤销

注册商标的争议和注册不当商标的撤销,是商标注册后的确权程序,其目的在于防止已经注册的商标与他人在先取得的商标权相冲突,纠正由于审查疏漏而取得的商标注册。

1) 注册商标的争议

注册商标的争议是指注册在先的商标权人对注册在后的商标提出争议,认为后注册的商标与其在先注册的商标在同一种或类似商品上相同或近似,要求限制后注册商标的使用范围或者撤销该商标。《商标法》第四十一条规定,一个商标自核准注册之日起5年内,其他商标注册人可以向商标评审委员会提出商标争议申请。

争议成立的注册商标,其商标权视为自始即不存在。争议不成立的,注册商标的商标权将予以维持。

2) 注册不当商标的撤销

《商标法》第四十一条规定,已经注册的商标,违反本法第十条(合法性)、第十一条、第十二条(显著性)、第十三条、第十五条、第十六条、第三十一条规定的,或者是以欺骗手段或者其他不正当手段取得注册的,商标局或者商标评审委员会可以撤销该注册商标。

依照《商标法》第四十一条规定撤销的注册商标,其商标权视为自始即不存在。

6. 注册商标的续展、注销、转让和使用许可

1) 注册商标的续展

注册商标的续展是指一个注册商标在其注册有效期满时,申请延续商标专用权。注册商标有一定的有效期限(中国为10年),自核准注册之日起计算。如果有效期满后,商标注册人需要继续取得商标专用权的,可在商标有效期满前6个月内申请商标续展注册。未申请续展的,注销其注册商标。

2) 注册商标的注销

注册商标的注销是指商标局根据商标注册人的申请,或者依据注册商标有效期满而未续展的事实,终止其注册商标专用权,并收回《商标注册证》。

3) 注册商标的转让

注册商标的转让是指商标注册人按一定的条件将注册商标所有权转移给其他人。转让注册商标后原商标注册人的商标所有权即行消失,而受让一方即获得该商标的所有权。要转让注册商标的,转让人和受让人应当签订转让协议,并共同向商标局提出申请。受让人还应当保证使用该注册商标的商品质量。转让注册商标经商标局核准后,予以公告,受让人自公告之日起即享有该商标专用权。

4) 注册商标的使用许可

注册商标的使用许可是指商标注册人在持有商标专用权的情况下,通过签订商标使用许可合同,允许其他人使用其注册商标。被许可人根据使用许可合同取得的只是该注册商标的使用权,商标所有权仍为许可人所有。许可人应当监督被许可人使用其注册商标的商品质量,被许可人应当保证使用该注册商标的商品质量,并且必须在使用该注册商标的商品上标明被许可人的名称和商品产地。商标使用许可合同应当报商标局备案(许可使用合同签订之日起3个月内将合同副本报送商标局备案)。

5.5　商标权的保护

1．商标权

商标权又称商标专用权,是指经商标局核准注册的商标只准许商标注册人专有的使用权、处置权,以及禁止任何其他人使用的权利。

商标权的内容有以下几点。

(1) 处置权,即商标注册人有权依据法律规定,自主地支配自己的商标,包括把注册商标转让给其他人;许可他人使用;还可以把商标折合成货币作为对其他企业的投资等。处置商标的权利范围应该以核准注册的商标和核定使用的商品为限。

(2) 使用权,即商标注册人可以依据法律的规定稳定地使用自己的注册商标,其权利范围应该以核准注册的商标和核定使用的商品为限。

(3) 禁止权,即商标注册人有权禁止其他人在同一种或者类似的商品上使用与其注册商标相同或近似的商标,同时禁止其他人使用不正当的手段损害其注册商标的声誉。

2．侵犯商标权的行为

《商标法》第五十二条规定,有下列行为之一的,均属于侵犯注册商标专用权的行为。

(1) 未经注册商标所有人的许可,在同一种或类似商品上使用与其注册商标相同或近似的商标。

(2) 销售侵犯注册商标专用权的商品的。

(3) 伪造、擅自制造他人注册商标标识或者销售伪造、擅自制造的注册商标标识的。

(4) 未经商标注册人同意,更换其注册商标并将该更换商标的商品又投入市场的。

(5) 给他人的注册商标专用权造成其他损害的。

3．商标权的保护措施

商标权的保护,其根本目的是保护注册商标专用权人的合法权益。中国商标法是通过对侵犯商标权的行为采取惩治措施来保护商标专用权的。

《商标法》第五十三～五十六条规定,有第52条所列侵犯商标专用权行为之一,引起纠纷的,有以下救济途径。

(1) 由当事人协商解决。

(2) 不愿协商或者协商不成的,商标注册人或者利害关系人可以向人民法院起诉。

(3) 也可以请求工商行政管理部门处理。工商行政管理部门处理时,认定侵权行为成立的,责令立即停止侵权行为,没收、销毁侵权商品和专门用于制造侵权商品、伪造注册商标标识的工具,并可处以罚款。当事人对处理决定不服,可以自收到处理通知之日起15日内依照《中华人民共和国行政诉讼法》向人民法院起诉。侵权人期满不起诉又不履行的,工商行政管理部门可以申请人民法院强制执行。进行处理的工商行政管理部门根据当事人的请求,可以就侵犯商标专用权的赔偿数额进行调解。调解不成的，当事人可以依照《中华人民共和国民事诉讼法》向人民法院起诉。

对侵犯注册商标专用权的行为，工商行政管理部门有权依法查处。涉嫌犯罪的，应当及时移送司法机关依法处理。

县级以上工商行政管理部门根据已经取得的违法嫌疑证据或者举报，对涉嫌侵犯他人注册商标专用权的行为进行查处时，可以行使下列职权。

(1) 询问有关当事人，调查与侵犯他人注册商标专用权有关的情况。

(2) 查阅、复制当事人与侵权活动有关的合同、发票、账簿以及其他有关资料。

(3) 对当事人涉嫌从事侵犯他人注册商标专用权活动的场所实施现场检查。

(4) 检查与侵权活动有关的物品。对有证据证明是侵犯他人注册商标专用权的物品，可以查封或者扣押。

侵犯商标专用权的赔偿数额，为侵权人在侵权期间因侵权所获得的利益，或者被侵权人在被侵权期间因被侵权所受到的损失，包括被侵权人为制止侵权行为所支付的合理开支。

侵权人因侵权所得利益，或者被侵权人因被侵权所受到的损失难以确定的，由人民法院根据侵权行为的情节判决给予 50 万元以下的赔偿。

销售不知道是侵犯注册商标专用权的商品，能证明该商品是自己合法取得的并说明提供者的，不承担赔偿责任。

5.6 商标使用的管理

1. 注册商标使用的管理

《中华人民共和国商标法》2019 年修正版第五章第四十四条和第四十五条规定，使用注册商标有下列行为之一的，由商标局责令限期改正或者撤销其注册商标。

(1) 自行改变注册商标的文字、图形、字母、数字、三维标志、颜色组合，或者这些要素的组合的。

(2) 自行改变注册商标的注册人名字、地址或者其他注册事项的。

(3) 自行转让注册商标的。

(4) 连续 3 年停止使用的。这里的商标使用，既包括商标注册人在核定使用的商品上或其包装上使用，也包括在广告宣传或展览中的使用，还包括许可他人使用。

另外，对于使用注册商标，其商品粗制滥造，以次充好，欺骗消费者的，由各级工商行政管理部门区分不同情况，责令限期改正，并可予以通报或处以罚款，或者由商标局撤销其注册商标。依照上述规定被撤销的注册商标，其商标权自商标局作出撤销决定之日起终止。

注册商标当事人对商标局撤销其注册商标不服的，可以向商标评审委员会申请复审，对商标评审委员会的决定不服的，可以自收到通知之日起 30 日内向人民法院提起行政诉讼。

2. 未注册商标使用的管理

未注册商标不享有商标权，但是其使用关系到消费者的利益和对注册商标专用权的保护，因此也要对它加以管理。

使用未注册商标，有下列行为之一的，由工商行政管理机关予以制止，责令限期改正，并可予以通报或者处以罚款。

(1) 用未注册商标冒充注册商标。

(2) 未注册商标违反《商标法》第十条的禁用条款。

(3) 未注册商标的商品粗制滥造，以次充好，欺骗消费者。

另外，国家规定必须使用注册商标的商品，如未经核准注册便在市场上销售，工商行政管理机关有权责令限期申请注册，并处罚款。

本 章 小 结

本章主要介绍了商标法的相关内容，包括商标的特征与种类、商标注册的条件、注册商标的有关程序、商标权的保护和商标使用的管理。

思考练习题

1. 简述商标注册的有关程序。
2. 注册商标的争议是什么？
3. 驰名商标是什么？
4. 集体商标是什么？
5. 证明商标是什么？

第6章

设计知识产权法规的联系与发展

设计师职业法规与道德

本章导读

随着时代的发展，设计法规在设计行业发挥着保护、促进和发展的重要作用。国际工业设计协会联合会定义的宏观设计过程包括从设想到形成产品，再到工程生产使用，涉及的内容方方面面。同样，设计法规范围也很广，如专利法、版权法、商标法、反不正当竞争法、广告法、技术合同法、工程建设法、建筑法等。这些法规之间是相辅相成、互有联系的，是设计活动成功的前提。其中，设计知识产权法规占有极其重要的地位。知识产权是指人类对在科学、文化和艺术等领域内所创造的智力成果享有的专有权利。它在知识经济与科技创新中发挥着越来越重要的作用。现代设计本质上就是一种知识创造性活动，其设计成果往往以知识产品的形式表现出来，并且渗透到科技、文化等领域。现代设计与知识产权具有内在的一致性和紧密的关系。设计知识产权的本质就是设计与知识产权是相互促进的。我们要加强设计知识产权的法规建设，尤其需要加强设计的知识产权战略保护和管理水平。

6.1 著作权、外观设计专利、商标权的交叉保护

1. 著作权与商标权的交叉保护

商标是可视性标志，包括文字、图形、字母、数字、三维标志和颜色的组合，以及上述要素的组合，如果其标志本身具有一定的美感和独创性，具备了著作权性，还可以受到著作权的保护。

这样一来，如果商标权人和标志的著作权人是同一主体，该商标就相当于受到商标权和著作权的双重保护，出现了商标权与著作权之间的交叉保护。如果商标权人与著作权人不是同一主体，就必然导致双方就同一标志所享有的权利发生冲突，即商标权与著作权的冲突。

商标权与著作权的交叉保护有利于商标权人加强对自己商标的保护。在许多建立了版权制度的国家，商标权人往往又兼商标标志的版权人，他们很懂得利用版权与商标权的交叉保护来保护自己的商标。有这样的实例：甲乙两家公司曾合作开发某产品，而甲公司中途踢开乙公司独自经营，并抢先把原先合用的(已有一定知名度但尚未注册的)商标申请注册。这时乙公司如果改变产品，要增加新开发投资；如果仍生产原产品，又不能再使用原有商标，得另创牌子。面对不利局面，乙公司可有如下出路：证明原先合用的商标图形的版权是由两家公司共有的，或仅属乙公司独有，则甲公司使用该商标，就是侵犯了乙公司的版权。

当然，最稳妥的做法是：在商标标志上标明版权保留的标记，如果他人冒用该商标，即使是使用在非类似商品上，商标权人也可以选择版权途径起诉。因为冒用者必然复制大量带有该标志的商标标识，这种复制侵犯了版权人的复制权。依版权法禁止侵权人发行复制品(即商标标识)时，也就禁止了冒牌或抢注商标商品的销售，使他人冒用商标的行为无法得逞。

当出现商标权与著作权冲突的情况时，受法律保护的是在先权利，"武松打虎"就是一个著名案例。

第6章　设计知识产权法规的联系与发展

1954年，画家刘某创作了组画《武松打虎》，1980年山东省某酒厂对刘某组画中的第十一幅进行了修改后，作为装潢用在其所生产的酒瓶上。之后，该厂又于1989年将该图案向商标局申请商标注册并获批准。1996年，刘某的继承人发现上述情况后，认为某酒厂未经《武松打虎》著作权人(即该继承人)同意或许可，擅自对该画加以修改并使用，破坏了组画的完整性，侵害了著作权人的使用权及获得报酬权，于是向法院提起了诉讼。1996年12月，法院判决被告停止在其产品的外包装装潢中使用《武松打虎》图案，并赔偿原告经济损失费20万元。1997年2月，商标评审委员会作出终局裁定认为，被告将《武松打虎》图(见图6-1)作为商标注册的行为侵犯了他人合法在先的著作权，撤销被告的注册商标。①

图6-1　《武松打虎》

这个案例给人的启示是，任何一个商标首先有一个版权问题。申请注册的商标如果是取自他人的作品，就有可能存在侵犯他人在先权利(著作权)的问题，最好事先与著作权人签订许可协议，否则有可能被他人以不当注册为由而请求撤销该商标。

2. 外观设计专利与商标权的交叉保护

产品的装潢、标签可以申请外观设计专利，又可以构成商标的基本图案或三维标志。这时就出现了外观设计专利与商标权的冲突或交叉保护的问题。如果商标与外观设计都属于同一个人或同一家企业，就形成了两种权利的交叉保护。但如果商标和外观设计分属不同的主体，则其中一个可能会构成侵犯他人的在先权利，这就形成了两种权利的冲突。

外观设计专利与商标权的交叉保护是非常有益的。中国商标法规定，注册商标不得与他人在先取得的合法权利相冲突，但并未规定不得与自己的在先权利相冲突。所以，可以在取得外观设计专利的基础上，考虑进一步申请获得商标权，以便得到双重保护。最关键的是，外观设计专利只保护10年，而商标权通过续展可以无限期保护。

把别人的注册商标作为外观设计申请专利一般是不行的，但将与他人外观设计专利相同或近似的图案作为注册商标，并应用在与外观设计专利不同类的产品上一般是可以的，通常不会

---

① 资料来源：中国品牌网. 违法使用《武松打虎》图商标案 [EB/OL]. (2008-08-23)[2025-04-18]. http://news.ppzw.com/Article_Print_56869.html.

构成侵犯外观设计专利，但有可能构成侵犯他人的版权。也就是说，外观设计专利权人可以通过著作权对自己的专利权加以保护，这也是下面要讲到的外观设计专利与著作权的交叉保护。

3．著作权与外观设计专利的交叉保护

专利法所称的外观设计，是指对产品的形状、图案或者其结合以及色彩与形状、图案的结合所作出的富有美感并适于工业应用的新设计。在该设计被用于产品外观之前，它应该是存在于原始设计作品(非工业品)之中的，该作品应当得到著作权的保护。由此可见，是先产生了著作权作品之后，外观设计专利才能出现。1902年颁布的法国版权法就规定：一切工业品外观设计(包括已经受到工业产权法保护的外观设计)，均受版权保护。

如果外观设计专利权人和设计作品的著作权人是同一主体，则可以形成外观设计专利与著作权的交叉保护。这对专利权人非常有利。因为外观设计专利的保护范围以表示在图片或者照片中的该外观设计专利产品为准，而并不涉及其他类产品上。但版权的保护是不考虑该作品的载体的，也不论是三维到二维还是二维到三维的复制，均属于侵权。这样，当著作权人与外观设计专利权人为同一人时，权利人完全可以用著作权保护其设计不被任意移植到其他工业品上，从而扩大保护了外观设计专利保护不到的范围，更有利于外观设计的保护。

所以，当外观设计专利权人与设计作品的著作权人不是同一主体时，专利权人应该争取获得设计作品的著作权，形成外观设计的交叉保护，否则他无权妨碍著作权人许可他人在另一类产品上使用其设计，这对外观设计专利权人是很不利的。

6.2 商 业 秘 密

1．商业秘密的定义

商业秘密在古代社会就已存在，中国民间的所谓"祖传秘方"实际上就反映了一种商业秘密意识。

"商业秘密"(trade secret)一词是从"技术诀窍"(know-how)发展而来的，关于它的概念还有不同的观点。WIPO(World Intellectual Property Organization，世界知识产权组织)称商业秘密为"有关使用和适用工业技术的制造工艺和知识"。美国《统一商业秘密法》认为商业秘密包括"特定信息，包括配方、样式编辑、产品、程序、设计、方法、技术或工艺等"。

《中华人民共和国反不正当竞争法》第十条规定："商业秘密是指不为公众所知，能为权利人带来经济利益，具有实用性并经权利人采取保密措施的技术信息和经营信息。"

以下是商业秘密涉及主要内容。

(1) 技术秘密。技术秘密的表现形式为，以图纸、技术资料、技术规范等载体形式提供的关于产品设计、工艺流程、配方、质量控制等方面的技术知识。有些技术秘密本身可以取得专利，其所有者为长期保密才未申请专利。当然，有些技术秘密是不能取得专利的，排除在专利保护范围之外的技术就属于这一类。应当注意，上述图纸、配方、材料等只是技术秘密的物质载体，技术秘密应理解为寓于这些有形物质中的无形的构思和观念。

第6章 设计知识产权法规的联系与发展

(2) 经营秘密。经营秘密是指与经营者的销售、采购、金融、投资、财务、人事、组织、管理等经营活动有关的内部信息、情报，具体包括：进货渠道、客户名单、原料供应商名单、来往函件、产品开发计划、广告宣传计划、销售网络组织、售后服务计划、生产成本计划、新产品预算方案、人才培训计划、投标标底等。

商业秘密的重要性是不言而喻的，国际社会的保护力度不断加强，立法日趋严厉。如1994年，美国某汽车公司高级职员与他的研究小组成员，携带着"小型节能车"(欧洲子公司正准备推向市场的重要产品)设计方案的大量关键秘密资料，跳槽到德国某汽车公司，后来美国某汽车公司对此提出诉讼并获得胜诉，德国某汽车公司赔偿了1亿美元，这一涉及商业秘密的官司在全世界影响很大。

2．商业秘密的构成条件

构成商业秘密的要件主要有以下三个。

(1) 新颖性。商业秘密必须是不为公众所知的信息。商业秘密的新颖性与专利的新颖性不同，它主要是相对公众而言。

(2) 实用性。商业秘密必须具有实用价值，主要表现为：一能为权利人带来现实的或潜在的经济利益；二能使权利人在市场竞争中占有优势。

(3) 保密性。信息只有处在保密状态下，才可以受到保护。保密性一般表现为采取一定的保密措施，包括制订保密计划、与有关人员订立保密协议等。

可口可乐就是最好的例子。虽然可口可乐早已成为国际著名饮料，但其原液的完整配方却很少有人知道。其实，可口可乐90%以上的配料是公开的，它们是糖、碳酸水、焦糖、磷酸、咖啡因等混合物，然而能使可口可乐饮料独具特色的核心部分配料"7X货物"却是保密的，虽然它所占的比例不到1%。据说，竞争者已经根据可口可乐饮料，花费了80多年的时间来试图分析出这个"7X货物"，但都未成功。据估计，可口可乐总公司知道其配方的人员不超过10人，并且有一套严格的保密管理办法。目前，世界各地的分销店只负责最后装瓶，原液都由可口可乐总公司提供。

3．商业秘密的特点

中国现有的著作权法与专利法还不能对设计成果进行全面保护。例如，著作权只能保护"(设计)思想"的表达形式，而不能延伸到"(设计)思想"本身。专利保护完整的设计与技术方案，但对诸如设计构思、管理方法等不作保护。正因为如此，人们才能从商业秘密的途径来保护自己的设计与技术内容。商业秘密保护与著作权和专利相配合，可以大大提高保护的效率与效果(这对企业来说尤为重要)。

商业秘密与专利、版权保护的比较分别如表6-1和表6-2所示。

如果说专利保护是强保护的话，版权保护就是一种弱保护。通过比较可见，商业秘密保护可以弥补版权与专利保护的不足。特别是现代经济、技术发展迅猛，商业秘密所具有的特点使它显得更加重要。

(1) 覆盖的领域和主题更加广泛。版权法、专利法并不能覆盖新技术的全部领域和主题，比如发明专利要求具有新颖性、创造性、实用性，而且智力活动的规则与方法不受专利法保护。

这样，一些很好的技术产品或工艺方法、设计构思和方法并不能获得专利权保护。这一现象在技术开发的中间阶段表现得最明显。这时就可以寻求商业秘密的保护。

表 6-1 商业秘密与专利保护的比较

比较的方面	是否要求公开	对创新水平的要求	获得保护等费用	保护的期限	丧失保护的可能性	保护起始时间	是否排斥同类创新	律师费用	刑法保护	手续	国际保护	风险	主题
专利	是	很高	高	10～20年	小	申请之日	是	高	是	申请审查公告	由国际公约或双边协定确定	低	窄
商业秘密	否	不一定	低	可能更长	相对较大	创新之日	否	高	是	合同或其他措施	由国际公约或双边协定确定	较高	宽

表 6-2 商业秘密与版权保护的比较

比较的方面	客体	对工艺、流程、方案过程等	对新产品	对新材料	对技术本身	是否考虑商业价值	是否考虑实用性	保护期限
版权	思想的表达	不保护	不保护	不保护	不保护	考虑	不考虑	较短
商业秘密	任何有商业价值的信息	保护	保护	保护	保护	考虑	考虑	无限期限制

（2）保护时间更加充分。专利保护期从申请之日起算，中国规定发明、专利的保护期为20年，实用新型和外观设计的保护期为10年，期满后不再延长。一方面，专利的保护期有限，对于远景市场潜力大的设计与技术成果，就显得保护不够。另一方面，专利申请到批准需要半年到两年的时间(发明专利可能需要两年以上)，而当今社会新技术、新产品的开发周期非常短，可能在专利批准之前，就已经更新换代了。

对于上述情况，商业秘密保护无疑具有一定的优势，其保护的效力在项目开始时便已发生，也没有固定的保护期限。

（3）注重对企业知识人员的管理。同传统产业相比，现代化企业中人的因素更重要，尤其是知识型员工和管理者。现代高技术是智力密集型产业，企业的关键技术或信息往往掌握在少数人手中，一旦他们离开公司，并带走关键技术和资料，企业将面临被其他竞争对手攫取果实并挤出市场的危险。

对于这些情况，专利和版权保护往往无能为力，而商业秘密保护无疑是企业较好的选择。

4．商业秘密的保护

商业秘密具有经济性、实用性的特点，能给权利人带来经济效益，并能使权利人在激烈的市场竞争中取得竞争优势，一旦泄露，必将会对权利人的经济利益造成重大损害。因此，加强对商业秘密的保护是十分重要的。

商业秘密的保护手段和方法主要如下。

(1) 《反不正当竞争法》保护。

(2) 合同法保护。

各国合同法对商业秘密的保护主要体现在雇佣劳动合同和技术合同中。西方国家企业为了防止本企业商业秘密外泄，在招收雇员时首先要与其订立保密协议，要求雇员在工作期间甚至离岗后一定时期内应保守与该企业有关的商业秘密。在技术合同中也应订立保密条款，明确保密的对象、范围。

这实际上就涉及"竞业禁止"的问题。竞业禁止又称竞业避免，是西方国家企业保护商业秘密的一种重要策略。竞业禁止是指本企业职工在任职期间和离职后一定的时期内不得与本企业从事竞争性业务。

(3) 其他知识产权的间接保护。

例如，有时商标法可以对隐含在名牌商品中的技术秘密提供间接保护，以"可口可乐"饮料为例，即使有人分析出饮料配方，也不一定能打开销路，因为他不能使用可口可乐驰名商标。又如，对设计、技术图纸的擅自发表或使用侵犯了商业秘密所有人的著作权，可依著作权法予以制裁。比如，工艺美术师曾××的"金銮殿"工艺品侵犯某首饰厂版权一案，就是这样的例子。

需要指出的是，目前，中国对侵犯商业秘密行为的处罚主要依据《反不正当竞争法》第20条的规定，"经营者违反本法规定，给被侵害的经营者造成损害的，应当承担损害赔偿责任，被侵害的经营者的损失难以计算的，赔偿额为侵权人在侵权期间因侵权所获得的利润。"由此可见，侵权行为的损害赔偿额有两个确定标准：一个是被侵害者的损失，另一个是侵权人在侵权期间获得的利润，在前者难以计算时，就使用后者。这一规定对侵权者的惩罚力度实际上是很弱的。

2017年3月15日，摩托罗拉及其下属的摩托罗拉马来西亚公司，在美国伊利诺伊州北部联邦地区法院，起诉海能达及全资子公司侵犯商业秘密，称海能达部分产品使用了其商业秘密。2018年8月2日，摩托罗拉又追加版权侵权诉讼，认为海能达部分产品侵犯其版权。

历经漫长审理，2020年2月14日，伊利诺伊州法院陪审团裁决海能达及子公司侵权成立，需支付损害赔偿3.46亿美元及惩罚性赔偿4.19亿美元，合计7.65亿美元。一审判决结果支持该裁决，虽然后续赔偿金额有所调减，但这起案件对海能达财务、声誉等方面都产生了巨大冲击，双方也展开了漫长的上诉等法律博弈。[①]

5．设计业务中商业秘密保护的具体措施

(1) 应当知道自己的所有信息都可能有价值，不要把宝贵的设计信息无偿奉送给他人。

(2) 对属于商业秘密的文件实行统一标记。

---

① 资料来源：C114中国通信网．摩托罗拉胜诉指控海能达窃取商业机密案：赔偿金7.65亿美元 [EB/OL]. (2020-02-15)[2025-04-18]. https://laoyaoba.com/n/742163.

(3) 谈判时应当签订保密合同，即使谈判本来想要建立的合作关系没有建立，谈判中提供的有关信息对外仍然应当保密。

(4) 与可能接近商业秘密的人签订保密协议，研究开发人员应填写研究开发记录。

(5) 要注意避免由于人才流动使自己的商业秘密流散到竞争对手手中，要以合同为依据，约束企业员工和离职的员工。

(6) 注意供应商、承包商、服务代表等中介人的商业秘密保护。供应商向企业提供有关原材料、部件原型，他们对企业产品的某些方面十分了解，尤其是材料、制造方面。承包商为企业进行来料加工、批量生产，他们很可能拥有关键性的设计图纸、工艺说明、规格要求等重要商业秘密。服务代表也分享部分客户、商品反馈等信息。这些都是有价值的商业秘密，应该加强保护措施，例如，可将产品的不同部分分别交给不同的承包商生产，与各中介人签订保密合同等。

(7) 在外国企业挖人才的时候，注意捍卫自己的商业秘密权，因人才流动导致商业秘密泄露的，可以依据《反不正当竞争法》，起诉外国竞争者侵权，要求赔偿损失，停止侵权行为。

(8) 在保护自己利益的同时，还要尊重他人权益。在和外国企业从事设计与技术合作时，对双方认可的保密信息，不能以没有明示合同为由随意泄露，否则要吃官司。

(9) 不要随便挖对方的敏感人才，免得陷入商业秘密诉讼。

(10) 制作传统工艺美术产品的企业应当建立、健全传统工艺美术技艺的保护或者保密制度，切实加强对传统工艺美术技艺的管理。从事传统工艺美术产品制作的人员，应当遵守国家有关法律、法规的规定，不得泄露在制作传统工艺美术产品过程中知悉的技术秘密和其他商业秘密。

(11) 广告经营者为同类产品广告主同时或先后提供广告代理服务，应当保守各广告主的商业秘密，不得为自身业务发展的需要泄露广告主的商业秘密。

6.3 设计知识产权法规的发展趋势

1. 设计知识产权法规更加系统化

这主要表现在：版权、外观设计、专利、商标对设计保护的一体化发展；减少版权、专利、商标权的冲突，加强统一性及交叉保护。

2. 保护手段更加有效

这主要表现在以下几个方面。

(1) 现有法规的发展完善。比如，针对不同的设计内容，保护对象的细化，保护范围的扩展。

(2) 更新、更有效的专门设计法规的出台。比如，可以借鉴其他国家，引入主题体验设计、商业外观概念，制定专门的设计保护法规。

(3) 知识产权协调人、专利律师等设计知识产权专业人士的涌现，设计知识产权保护协会、艺术与设计版权管理协会、专业的设计与知识产权咨询机构、知识产权法庭等组织机构的发展。

(4) 国际化保护的发展，诸如世界专利、国际标准、国际认证等概念的深入发展。

3．企业与政府将进一步加强设计与知识产权的战略管理力度

加强设计的知识产权保护，关注不同部门对设计产业保护的协作与协调问题，加强设计产业化的知识产权管理模式。

其管理的内容主要涉及设计创造的无形资产，如专利、版权、商标等；体现企业内在发展动力的知识资产，如企业文化、经营理念等；体现企业人才资源的隐性知识资本，如企业员工具有的知识结构、工作技能、创新设计能力、合作能力等。

本 章 小 结

本章介绍设计知识产权法规的联系与发展，主要包括著作权、外观设计专利、商标权的交叉保护，商业秘密和设计知识产权法规的发展趋势等内容。

思考练习题

1. 著名的"武松打虎"一案涉及的知识产权有哪些？
2. 商业秘密的构成条件有哪些？
3. 竞业禁止是什么？
4. 试指出商标、外观设计专利、版权的交叉保护与冲突。
5. 试比较商业秘密保护与专利、版权保护。

第 7 章

设计与知识产权相关
法规概述

设计师职业法规与道德

本章导读

知识产权法的综合性和技术性特征十分明显,在知识产权法中,既有私法规范,也有公法规范;既有实体法规范,也有程序法规范。但从法律部门的归属上讲,知识产权法仍属于民法,是民法的特别法。民法的基本原则、制度和法律规范大多适用于知识产权,并且知识产权法中的公法规范和程序法规范都是为了确认和保护知识产权这一私权服务的,不占主导地位。

在现代社会中,知识产权作为一种私权在各国普遍获得确认和保护,知识产权制度作为划分知识产品公共属性与私人属性界限并调整知识创造、利用和传播中所形成的社会关系的工具在各国普遍确立,并随着科学技术和商品经济的发展而不断地拓展、丰富和完善。特别是在经济全球化背景下,知识产权制度发展迅速,不断地变革和创新。当前,世界经济已经处于知识经济时代,技术创新已是社会进步与经济发展的最主要动力,与之相对应的,知识产权越来越成为提升市场核心竞争力和进行市场垄断的手段,知识产权制度因此成为基础性制度和社会政策的重要组成部分。从20世纪末开始,许多国家已经从国家战略的高度来考虑、制定和实施知识产权战略,并将知识产权战略与经贸政策相结合,知识产权战略成了国家发展总体战略的组成部分,对实现国家总体目标具有重大意义。

2005年,中国成立了国家知识产权战略制定工作领导小组,正式启动了国家知识产权战略制定工作,同时中国政府也不断加大了知识产权保护的力度。从中国的立法现状来看,知识产权法仅是一个学科概念,并不是一部具体的制定法。知识产权法律制度主要由著作权法、专利法、商标法、反不正当竞争法等若干法律行政法规或规章、司法解释、相关国际条约等共同构成。随着知识产权领域的制度创新、法律修订以及理论研究引人注目,知识产权保护的新问题、新案件不断出现,这极大地丰富了知识产权法学研究的内容,知识产权法学获得了长足的发展和厚实的积淀。

7.1 广 告 法 规

广告法规

1. 国际广告设计的道德规范

由于文化、历史、地理环境、风俗习惯和宗教信仰的不同,各国人民对色彩、数字及标志图案的好恶是千差万别的,在广告法规和文化道德禁忌等方面具有不同的内容。广告设计者必须掌握各国消费者的不同道德要求和喜好,在广告创作中正确运用色彩、数字、语言和图案标志,以设计出合乎国际消费者道德要求的广告作品。

一些国家和地区对色彩、数字、标志图案的喜好和禁忌如下[①]。

(1) 中国香港地区——颜色:白色、黑色、灰色不大受欢迎,红色、黄色和鲜艳的色彩则很受欢迎。

---

① 资料来源:敦煌网. 亚洲国家买家对颜色、图案的喜好 [EB/OL]. (2015-01-06)[2025-04-18]. https://www.cifnews.com/article/12541.

第 7 章　设计与知识产权相关法规概述

——数字：4、13、37、49、164 和奇数被认为是不吉利的。

——图形：圆形和方形带有积极的意义，三角形则是消极的。

(2) 日本——颜色：黑色、深灰色及黑白相间的颜色颇受欢迎。其中又以红白相间与金银相间的颜色为较好的色彩。

——数字：1、3、5、8 是积极的数字，4、9 是消极的。

——图形：与民族文化冒犯的形态要避免使用，例如如来佛状的罐和瓶等。松、竹、梅的图案是理想的标志图形，皇家顶饰上用的 16 瓣菊花在商业上不宜采用。

(3) 新加坡——色彩：红色、蓝色、绿色极受欢迎，黑色则相反。

——数字：避免使用 4、7、6、13、37 和 69。

——图形：反对在商业上用如来佛的形态及侧面像。禁用宗教语句。

(4) 马来西亚——色彩：喜欢红色、橙色等鲜艳色彩。黄色为王室所用，一般人不穿黄色服装。黑色被单独使用是消极的。

(5) 泰国——色彩：对色彩有浓厚的感情，喜爱使用鲜艳的颜色。习惯用不同的颜色表示一周内的不同日期，如星期一为黄色，星期二为粉红色，星期三为绿色，星期四为橙色，星期五为淡蓝色，星期六为紫红色，星期天为红色。丧事只用黑色，婚礼只用白色。

(6) 中东——色彩：棕色、黑色(特别是由白布衬托的黑色)、绿色、深蓝色与红色相间色及白色是带有积极意义的，粉红色、紫色和黄色是消极色彩。

——标志图形：喜欢圆形和方形。

(7) 丹麦——色彩：红色、白色、蓝色三色是积极的色调。

——数字：13 是消极的。

——标志图形：心形图案是受欢迎的。

(8) 德国——色彩：红色、红黑色相间或褐色应避免使用。

——数字：13 是消极的。

——标志图形：类似纳粹或其军事集团的符号和商标在法律上是禁止的。宗教性标志和锤子镰刀图案也应避免使用。

(9) 荷兰——色彩：蓝色和橙色代表国家色，特别是橙色，在节日里被广泛使用。

(10) 法国——色彩：对色彩富有想象力，十分讲究色彩的研究与运用。喜爱红色、黄色、蓝色等色。视鲜艳色彩为时髦、华丽、高贵，鲜艳色彩备受欢迎。

(11) 意大利——色彩：紫色是消极的颜色。食品和玩具的包装喜欢用鲜艳醒目的颜色，而服装、化妆品喜欢用浅淡的色调。

——数字：17 是消极的。

——标志图形：标签上印有修女图案被认为是不雅的。

(12) 美国——色彩：对色彩一般不分好恶。多数人喜爱鲜艳的颜色，但少女的服装喜欢用红色。美国西部地区男女老少均喜欢靛蓝色。商品的包装倾向于采用一种特定的色彩或配色，以色彩辨别商品。美国在许多方面倾向于强烈的单色，有的地方偏爱棕色。

103

2. 广告经营者的广告活动规范

根据《广告活动道德规范》的规定,广告经营者广告活动规范主要有以下几点。

(1) 广告经营者在广告创意、设计、制作中应当依照有关广告管理法律、法规的要求,运用恰当的艺术表现形式表达广告内容,避免怪诞、离奇等不符合社会主义精神文明要求的广告创意。

(2) 广告经营者在广告创意中使用妇女和儿童形象应当正确恰当,有利于树立健康文明的女性形象,有利于维护未成年人的身心健康和培养儿童良好的思想品德。

(3) 广告经营者在广告创作中应当坚持创新与借鉴相结合,继承中华优秀传统文化,汲取其他国家和地区的广告创作经验,自觉抵制和反对抄袭他人作品的行为。

(4) 广告经营者为同类产品的广告主同时或先后提供广告代理服务,应当保守各广告主的商业秘密,不得为自身业务发展的需要泄露广告主的商业秘密。

(5) 广告经营者应当注重广告在社会主义精神文明建设中的作用,坚持商业广告创意设计中的社会主义思想文化导向,积极参与公益广告活动,倡导正确的道德观念和社会风尚。

(6) 广告经营者应当注重提高经营管理水平和服务质量,依靠不断提高服务质量和商业信誉与广告主建立稳定的业务关系,自觉抵制和纠正下列不正当竞争行为。

① 利用物质引诱或胁迫等不正当手段获取其他广告经营者的商业秘密。

② 采用给予广告主经办人好处或竞相压价等手段争夺广告客户。

③ 采用暗中给予媒介经办人财物等不正当手段争取有利或紧俏的时间和版面。

3. 广告主的广告活动规范

根据《广告活动道德规范》的规定,广告主广告活动规范主要有以下几点。

(1) 广告主应当自觉维护消费者的合法权益,本着诚实信用的原则,真实科学地介绍自己的产品和服务。

(2) 广告主应当自觉遵守国家广告管理法律法规和其他有关规定,与其他广告主进行公平、正当的竞争,不得以不正当的方式和途径干扰、损害他人合法的广告活动。

(3) 广告主发布商业广告,应当自觉遵守和维护社会公共秩序和社会良好风尚,不应以哗众取宠、故弄玄虚、低级趣味等方式,片面追求广告的感官刺激和轰动效应,对社会造成不良影响。

(4) 广告主应当按照国家有关规定,积极参加各类公益事业,响应政府主管部门的号召,参与公益广告活动,树立良好的企业形象。

(5) 广告主实行广告服务招标,应当尊重投标者的劳动成果,自觉履行招标承诺,自觉抵制和纠正以虚假招标形式引诱投标者投标,以及窃用投标者的广告策划和创意的不公平交易行为。

(6) 广告主应当自觉抵制和纠正下列不正当的广告宣传。

① 依据科学上没有定论的结论来否定他人的产品和服务,借以突出自己的产品和服务。

② 片面宣传或夸大同类产品或服务的某种缺陷,以对比、联想等方式影射他人。

③ 未经有关部门认定假冒商标的情况下，在各种声明、启示中涉及他人的商标。

④ 擅自使用他人知名商品和服务标志作为陪衬宣传自己的产品和服务,不正当地利用和享用他人的商品声誉和商业信誉。

⑤ 使用含糊不明、容易使消费者产生歧义的承诺。

⑥ 采用隐去主要事实、断章取义、偷换概念的手法使用有关数据、统计资料、调查结果、文摘和引用语，误导消费者。

4．广告发布者的广告活动规范

根据《广告活动道德规范》第十八条至第二十条的规定，广告发布者广告活动规范主要有以下两点。

(1) 广告发布者发布商业广告应当考虑民族传统、群众消费习惯以及广告受众的区别等社会因素，合理安排发布时段、版面，依照各类广告的发布标准，认真履行广告审查义务。

(2) 广告发布者应当严格执行国家有关广告服务价格的管理规定,根据媒介的发行量、收视率等科学依据制定合理的收费方法和收费标准。广告经营者采用招标等特殊方式确定广告价格的，招标方案和办法应当合法、公正，不得利用不正当手段哄抬广告服务价格。

5．广告的客户监督

客户监督是国际广告活动中的重要一环。在广告设计创作的各个不同阶段都必须听取广告主的意见。尤其在广告创作产生作品之后，更要经过广告主的审核才可付诸实施。

广告主对广告创作的监督，主要通过以下几个方面来进行。

(1) 对广告创造性的监督，主要检查广告创作是否具有创意，作品的思想是否表达了广告产品的内容，是否强调了产品利益，是否具有吸引力和号召力等。

(2) 对广告预算计划执行的监督，主要检查广告创作过程中是否严格地执行了广告预算，各项费用开支是否合理。

(3) 对广告发布和广告效果测试的监督，主要检查广告的发布情况、发布效果和广告效果是否达到合同要求，是否达到预期目的。

6．部分产品的广告管理

1) 化妆品广告

根据《化妆品广告管理办法》第八条的有关规定，化妆品广告禁止出现下列内容。

(1) 化妆品名称、制法、成分、效用或者性能有虚假夸大的。

(2) 使用他人名义保证或者以暗示方法使人误解其效用的。

(3) 宣传医疗作用或者使用医疗术语的；有贬低同类产品内容的。

(4) 使用最新创造、最新发明、纯天然制品、无副作用等绝对化语言的。

(5) 涉及化妆品性能或者功能、销量等方面的数据的。

2) 酒类广告

根据《酒类广告管理办法》第七条的有关规定，酒类广告中不得出现以下内容。

(1) 鼓动、倡导、引诱人们饮酒或者宣传无节制饮酒。
(2) 饮酒的动作。
(3) 未成年人的形象。
(4) 表现驾驶车、船、飞机等具有潜在危险的活动。
(5) 诸如可以"消除紧张和焦虑""增加体力"等不科学的明示或者暗示。
(6) 把个人、商业、社会、体育、性生活或者其他方面的成功归因于饮酒的明示或者暗示。
(7) 关于酒类商品的各种评优、评奖、评名牌、推荐等评比结果。
(8) 不符合社会主义精神文明建设的要求,违背社会良好风尚和不科学、不真实的其他内容。

3) 烟草广告

根据《中华人民共和国广告法》第二章第二十二条的规定,禁止利用广播、电视、报刊为卷烟做广告。根据《烟草广告管理暂行办法》的有关规定,烟草广告中不得有下列情形。

(1) 吸烟形象、未成年人形象。
(2) 鼓励、怂恿吸烟的。
(3) 表示吸烟有利人体健康、解除疲劳、缓解精神紧张的。
(4) 其他违反国家广告管理规定的。

另外,烟草广告中必须标明"吸烟有害健康"的忠告语。广告语必须清晰、易于辨认,所占面积不得少于全部广告面积的10%。

4) 药品广告

根据《药品广告审查发布标准》第十条至第十六条的有关规定,药品广告不得包括以下内容。

(1) 药品广告中不得含有不科学的表示功效的断言或者保证。如"疗效最佳""药到病除""根治""安全预防""安全无副作用"等。
(2) 药品广告不得贬低同类产品,不得与其他药品进行功效和安全性的对比,不得进行药品使用前后的比较。
(3) 药品广告中不得含有"最新技术""最高科学""最先进制法""药之王""国家级新药"等绝对化的语言和表示;不得含有违反科学规律,明示或者暗示包治百病,适合所有症状等内容。
(4) 药品广告中不得含有治愈率、有效率及获奖的内容。
(5) 药品广告中不得含有利用医药科研单位、学术机构、医疗机构或者专家、医生、患者的名义、形象作证明的内容。
(6) 药品广告不得使用儿童的名义和形象,不得以儿童为广告诉求对象。
(7) 药品广告不得含有直接显示疾病症状、病理和医疗诊断的画面,不得令人感到已患某种疾病,不得使人误解不使用该药品会患某种疾病或者加重病情,不得直接或者间接怂恿人们任意、过量地使用药品。
(8) 药品广告中不得声称或者暗示服用该药能应对现代紧张生活的需要,标明或者暗示能增强性功能。

(9) 药品商品名称不得单独进行广告宣传。广告宣传需使用商品名称的,必须同时使用药品的通用名称。

5) 房地产广告

根据《房地产广告发布暂行规定》第四条至第八条的有关规定,房地产广告应注意以下事项。

(1) 房地产广告不得含有风水、占卜等封建迷信内容,对项目情况进行的说明、渲染,不得有悖社会良好风尚。

(2) 房地产广告中对价格有表示的,应当清楚表示为实际的销售价格,明示价格的有效期限。

(3) 房地产广告中的项目位置示意图,应当准确、清楚、比例恰当。

(4) 房地产广告中涉及的交通、商业、文化教育设施及其他市政条件等,如在规划或者建设中,应当在广告中注明。

(5) 房地产广告中涉及面积的,应当标明是建筑面积还是使用面积。

(6) 房地产广告涉及内部结构、装修装饰的,应当真实、准确。

(7) 房地产广告中不得利用其他项目的形象、环境作为本项目的效果。房地产广告中使用建筑设计效果图或者模型照片的,应当在广告中注明。

(8) 房地产广告中涉及物业管理内容的,应当符合国家有关规定;涉及尚未实现的物业管理内容的,应当在广告中注明。

7.2 包装设计中涉及的知识产权问题

与经济发达国家相比,中国现在的包装法律研究明显滞后。中国目前尚无一部完整的包装法,对包装设计的研究仅停留在技术层面,很少涉及包装设计中的法律问题,尤其是知识产权问题。

包装设计的保护主要有以下四种途径:外观设计专利保护,版权保护,商标保护和反不正当竞争保护。这主要涉及商标权、专利权、版权、制止不正当竞争权等。

1. 包装设计与外观设计专利保护

外观设计专利无疑是涉及包装设计的产品外观设计的首要保护途径,其优点是授权较快,保护力度较强。不过,包装设计要申请外观设计专利,最好能确保严格达到授权条件,以免以后被侵权人无效。

2. 包装设计与版权

包装设计的图案、造型,也可以作为美术作品获得中国版权法的保护。其优点是无须申请注册,设计完成即自动享有版权,保护期限较长(50年)。其缺点是保护力度较弱,如果有人采用了与之相近似的包装装潢,只要能证明是自己独立创作的,则不算侵权。所以,版权人最好还是申请专利或商标,以取得交叉保护。

3. 包装设计与商标权

商标是能够区别商品或服务的可视性标志，包括文字、图形、字母、数字、三维标志和颜色组合，以及上述要素的组合。因此，包装装潢也可以作为平面商标或立体商标得到保护。其优点是可以无期限保护(可通过续展程序)，且保护力度较强。

包装设计要取得商标权，要注意合法性、显著性等授权条件。

4. 包装设计与反不正当竞争

商品包装与待售的产品本体一起作为用于市场交换的商品而存在，利用包装参与市场竞争，是市场竞争的一种常用手段。

根据《反不正当竞争法》第五条第二项的规定，擅自使用知名商品特有的名称、包装、装潢，或者使用与知名商品近似的名称、包装、装潢，造成和他人的知名商品相混淆，使购买者误认为是该知名商品是不正当竞争行为。

据此，反不正当竞争法对包装设计的保护仅限于知名商品的易识别的包装装潢，其缺点是保护范围狭窄，但优点是保护力度强，且没有时间限制。

因此，可以考虑这样的保护策略：首先就包装设计申请外观设计专利，在专利保护期内扩大商品知名度，待其成为知名商品后，还可以得到反不正当竞争法的交叉保护，并且在专利保护期满后，提供无限期保护。

另外，包装设计中使用虚假的文字说明，伪造或冒用优质产品的认证标志、生产许可证标志等，也涉及《反不正当竞争法》的内容。

7.3 知识产权与民间创作(文化遗产)保护

1. 民间创作的国际保护

民间创作是每个民族的重要文化遗产。现代社会的发展，可能会导致对这一文化遗产的不适当的利用。人们往往注意对民间创作加以商业化，而没有对它的起源的社会文化给予应有的尊重。

按照发达国家的知识产权保护规则，没有特定权利主体的文化成果，以及存在超过一定时间的文化成果都被视为公有领域，人人都可以使用。然而，自20世纪50年代起，非洲、南美等地的一些不发达国家首先提出了以知识产权保护民间文学艺术表达(被作为文化遗产)的主张，对抗对其不适当的利用，目前，已有50多个国家通过版权制度来进行保护。

以突尼斯为例，突尼斯是世界上第一个利用版权法保护民间文学艺术作品(民间文化)的国家。该国1967年颁布的《文学艺术产权法》中有关于民间艺术的专门条款。该法明确规定："民间艺术属于国家遗产，任何以营利为目的的使用民间艺术的行为都应经过国家文化部(现为文化和旅游部)的允许，对于其内容，应经过突尼斯保护作家权益机构根据本法进行审核。同样，从民间艺术中吸取灵感创造的作品，同样需要经过国家文化部的允许，对于民间作品的全部或部分著作权在其中发生了转移,同样需要国家文化部的特殊许可。"突尼斯法律还规定,以营利为目的使用民间文学作品,除征得文化行政部门的许可外,还需缴纳使用费。公益性使用和个人使用无须缴纳使用费,但也需获得许可。对未经许可使用文化遗产的行为,国家将给予严厉的惩罚,包括罚款、拘禁等方式。

20 世纪 60~70 年代,世界知识产权组织也已经开始重视对民间创作作品的保护,并起草了示范条款。1980 年,该组织与联合国教科文组织在日内瓦成立了工作组,对民间创作采用知识产权方式的国家保护。

该组织在对民间创作表现方式提供知识产权保护的基本要求是:一方面要实施保护以防止滥用民间创作表现方式;另一方面要鼓励创作进一步发展、传播和改变民间创作表现方式。但同时也承认,知识产权只触及维护民间创作保护的一个方面,故在各个不同方面采取不同的措施是保护民间创作的当务之急。

2．中国目前的民间传统工艺保护

中国目前对民间创作、工艺美术加以保护的法规主要是《传统工艺美术保护条例》。至于知识产权保护,虽然《著作权法》第六条有"民间文学艺术作品的著作权保护办法由国务院另行规定"的说明,但具体保护办法还未制定。

《传统工艺美术保护条例》第二条规定:传统工艺美术,是指百年以上,历史悠久,技艺精湛,世代相传,有完整的工艺流程,采用天然原材料制作,具有鲜明的民族风格和地方特色,在国内外享有盛誉的手工艺品种和技艺。国家对传统工艺美术品种和技艺实行认定制度。符合该规定条件的工艺美术品种和技艺,依照本规定认定为传统工艺美术品种和技艺。传统工艺美术品种和技艺,由国务院负责传统工艺美术保护工作的部门聘请专家组成评审委员会进行评审。国务院负责传统工艺美术保护工作的部门根据评审委员会的评审结论,予以认定和公布。

国家对认定的传统工艺美术技艺采取下列保护措施。

(1) 搜集、整理、建立档案。

(2) 征集、收藏优秀代表作品。

(3) 对其工艺技术秘密确定密级,依法实施保密措施。

(4) 资助研究,培养人才。

传统工艺美术品种中的卓越作品,经国务院负责传统工艺美术保护工作的部门聘请专家组成评审委员会进行评审后,由国务院负责传统工艺美术保护工作的部门命名为中国工艺美术珍品(以下简称珍品)。

《传统工艺美术保护条例》第十一条规定,国家对珍品采取下列保护措施。

(1) 国家征集、收购的珍品由中国工艺美术馆或者省、自治区、直辖市工艺美术馆、博物馆珍藏。

(2) 珍品禁止出口。珍品出国展览必须经国务院负责传统工艺美术保护工作的部门会同国务院有关部门批准。

3．中国应加强传统文化艺术的知识产权保护

除了《传统工艺美术保护条例》以外，还应该加强传统文化艺术的知识产权保护。国家版权局正在尝试根据版权法制定民间文学艺术作品保护条例。

目前，有些地方和企业已通过知识产权保护尝到了甜头。以福建德化县为例，该县通过加强版权保护，推动陶瓷艺术繁荣与陶瓷产业发展，使其2003年陶瓷产品的产值达53亿元，出口产值40多亿元，已成为中国人均出口产值最多的一个县。

与此相反，因未采取有效的知识产权保护，还有不少民间传统工艺面临假冒侵权的威胁而损失惨重。

以宜兴紫砂为例，宜兴紫砂是一件国宝，不仅在中国绝无仅有，在全世界也是独一无二的。其独特的材质、精湛的手工工艺和创作中所渗透的丰富文化内涵，使其在中国琳琅满目的工艺美术品中独树一帜，深受国内外消费者和艺术品收藏者青睐。据说有位大师的紫砂壶往往卖到数十万元一把。如图7-1所示为价格昂贵的紫砂壶。

图 7-1 价格昂贵的紫砂壶

然而利益驱使一些人拼命搞假货，在2003年年底南京博物院举行的一次艺术联展上，展出了83件所谓的"宜兴紫砂名作"，引起宜兴20名紫砂陶艺家联名揭露其虚假。[①]

种种现象表明，境内外紫砂的制假贩假已实现"系统化"：有人利用现代高新技术拍出名人名作的三维立体图供仿制，再用电脑分析、制作足可乱真的印章图样。有人专门依样刻制名人印章。有人专门依样制造假货。有人专门编织全国性的甚至全球性的贩假网络。

面对疯狂的造假现象，一位宜兴紫砂名人忧虑地说："我有上千张新品设计图纸，可是每推出一款都很害怕，因为一出来就被仿制了。真担心这些图纸要烂在保险柜里。"

为此，有关人士积极呼吁采取知识产权保护。

宜兴工商局某负责人说，宜兴紫砂应该高举商标法作为"武器"。一是要申请"宜兴紫砂"

---

① 资料来源：新华网．"殷瑗庐紫砂翰墨珍藏艺术联展"引出真伪之争 [EB/OL]．(2003-01-06)[2025-04-18]．http://news.sina.com.cn/s/2003 - 01 - 06/152027644s.shtml．

第 7 章　设计与知识产权相关法规概述

的证明商标,二是要申报国家驰名商标。

省版权局某负责人说,从著作权法的角度来说,紫砂陶艺作品是精湛的技艺和文化内涵丰富的工艺美术作品,其独创性和独具审美价值的特点都代表着作者的智力劳动成果。未经作者授权随意仿制,就是一种侵权行为。而对于紫砂艺术品的外观造型,设计者应该申报专利,这样才能受到专利法的保护。

但是,据了解,在宜兴紫砂界目前申报商标权、著作权、专利权者凤毛麟角。除了宜兴紫砂,仅就江苏省来说,还有南京云锦(见图 7-2)、苏州刺绣(见图 7-3)、无锡泥人(见图 7-4)、东海水晶等(见图 7-5),也都受到假冒侵权的威胁。

图 7-2　南京云锦

图 7-3　苏州刺绣

图 7-4　无锡泥人

图 7-5　东海水晶

本 章 小 结

本章主要介绍设计与知识产权的相关法律法规，包括广告法规、包装设计中涉及的知识产权问题以及知识产权与民间创作(文化遗产)保护等内容。

第7章 设计与知识产权相关法规概述

思考练习题

1. 包装设计的保护途径主要有哪些?
2. 根据《房地产广告发布暂行规定》的有关规定,以下哪些是房地产广告应注意的事项? ( )
   A. 房地产广告不得含有风水、占卜等迷信内容
   B. 房地产广告中涉及面积的,应当标明是建筑面积还是使用面积
   C. 房地产广告中不得利用其他项目的形象、环境作为本项目的效果
   D. 房地产广告中使用建筑设计效果图或者模型照片的,应当在广告中注明

第8章

工业设计知识产权管理与策略

设计师职业法规与道德

本章导读

管理，就是通过计划、组织、领导和控制来协调所有资源，以期达到既定目标的活动。

现代管理不仅是管人、管物，这些只是传统的管理手段，更重要的是对知识成果的管理。也就是说，随着社会的不断进步，设计发明创新成果不断涌现，这些设计发明成果在产生、运用和转化的过程中，需要以知识产权的形式对它们加以有效管理。

知识产权法首先起到保护和规范的法规作用，而在此基础上，它又上升到管理的层次。法规中也蕴含着管理，在介绍设计与知识产权法规时，其实已经涉及不少的管理问题，例如设计中的商业秘密管理、著作权的集体管理、商标的使用和管理等，这些都是设计业内人士应该了解的。

8.1 工业设计知识产权管理的重要意义

工业设计知识产权管理的重要意义

1. 知识产权管理贯穿于设计项目开展的全过程

纵观工业设计项目开展的每一个环节，无一不涉及知识产权的相关内容，如果任何一个环节有疏忽都将造成损失。以下几个方面就说明了这一点。

1) 设计立项时，要进行专利文献检索

设计立项时，如果没有进行专利检索，一是可能导致设计起点低，重复已有的开发研究，造成资源的浪费；二是可能落入他人专利保护的范围，造成以后侵权的隐患。相反，在立项中利用好专利文献这一战略性技术情报有利于避免重复研究开发，降低创新成本。据世界知识产权组织的统计，世界上每年设计发明成果的 90%~95% 皆在专利文献上记载，95% 以上的新技术可以通过专利文献查阅到，并可以缩短科研时间 60%，节省研究试验经费 40%。

专利文献对设计创意也很有帮助，在检索专利文献时，可以从文献信息中获得启发，在前人的基础上，在更高的起点上提出新的创意，有力地推动创新的深入。

以下是几个典型例子。

(1) 兰州某高校教授准备设计一种高速公路停车场，因为事先没有进行专利检索，虽然花了很大的精力设计，画图纸，甚至还请国外的朋友和学生帮忙，但申请专利时发现就同一课题已取得专利的就有 40 多件，有的甚至比该教授的构思还先进。结果，自己的设计成为徒劳，白白浪费了许多时间和精力。[①]

(2) 广东某集团的发展也有过一段曲折。1995 年，该公司在设计、开发生产一种新型的柜式空调时，没有预先检索相关的专利文献，结果该产品侵犯了他人的专利权，当时被日本某电器株式会社指控侵权，为此不得不付出 245 万元的专利使用费。公司辛辛苦苦设计出的成果也化为乌有，这不能不说是设计、研发和管理人员的失误。[②]

[①] 资料来源：智慧芽网.专利检索与分析的重要性 [EB/OL]. (2023-09-15)[2025-04-18]. https://www.zhihuiya.com/newknowledge/info_5129.html.

[②] 资料来源：金羊网-羊城晚报. 广东：3000 万专利等你检索 [EB/OL]. (2002-03-19)[2025-04-18]. https://news.sina.cn/sa/2002-03-19/detail-ikknscsi0121065.d.html.

该公司从这次失败中吸取教训,重视发挥专利文献与信息的重要作用,拨20万元专款用于建立企业的专利数据库,并明文规定,每设计开发一项新产品、新技术,都必须有专人预先检索专利文献,选准高起点,避免重复设计研究,避免侵犯他人知识产权,并要有效地利用专利信息,积极设计开发新产品。仅1997年,该公司设计并申请的专利产品就有70多件。

(3) 小天鹅电器公司在中国首家建立了企业"万国专利信息库",通过对国际洗衣机专利信息进行检索、筛选,制成了由1214件中国专利、529件欧洲专利、398件日本专利、428件美国专利等3600多件专利信息组成的万国专利信息光盘,有针对性地运用专利进行超前设计创新,广泛运用国家科技信息成果,从而使小天鹅新产品设计层出不穷。

(4) 海尔集团通过专利检索,系统地收集了世界上25个国家1974年至1986年的关于冰箱的专利技术,共14 000多项。对这些技术进行分析研究后得知:美国冰箱的发展方向是左右开门大容积化,日本冰箱的发展方向是多功能化,欧洲冰箱的发展方向是大冷冻节能化。在这种情况下,海尔毅然以冰箱的变频化、变温化、智能化、居室化、衣柜化和医用专门化作为自己的发展方向。这样就领导了冰箱技术的新潮流,占领了技术制高点,成为世界冰箱行业的一流企业。海尔的成功经验是:利用专利检索,预测未来,占领设计制高点。

(5) 日本企业内部都配备有专利检索人员,少则数名,多则几十名,在开发新产品、新技术或申请专利时,不厌其烦地进行专利检索,寻找同类设计、技术作为参考,以避免走弯路。可以说,日本企业在开发新设计、新技术时大多走的是捷径,花很少费用就取得比较理想的成果。日本在引进外国设计与技术时,也非常重视专利检索,总是在反复检索和反复对比的基础上才决定引进。例如,日本从1950年至1976年的27年间,从外国共引进了28 000项技术,这些技术都是用专利文献反复挑选的,一共花了66亿美元。据专家计算,如果日本自己设计开发这些成果,需要付出264亿美元。

2) 项目研究开发过程中要加强知识产权管理

比如,一个设计项目在研究过程中没有对其技术资料(如图纸、文字等)进行保密管理,或者没有对其设计研究人员进行保密要求,就有可能造成其失密或公开,或者随设计研究人员的流失而流失,如果这些应该保密的资料落入竞争对手的手里,后果更是不堪设想。

3) 新的设计与技术成果进入市场时也要加强知识产权管理

一项新的设计成果在推向市场前如果没有及时申请专利或注册商标来对设计成果加以保护,就有可能被别人无偿使用或仿制,使设计失去竞争力,且无法追究别人的侵权责任。例如,有一些公司或个人,在申请产品的设计专利前,已先将该产品进行少量的小范围的试销,为的是对设计进行调查和改进。其实,这种做法是很危险的,有人将它称作"自杀行为",因为根据现行专利法的规定,试销产品的设计一经公开,即丧失新颖性,不能获得专利权。

申请专利和注册商标还只是企业创建品牌和走向市场的第一步。在以后的市场竞争中,如何更好地运用知识产权管理,使设计取得更好的效益,也是十分必要的。

由此可见,知识产权的管理工作是设计全过程的一项必不可少的重要内容。图8-1给出了设计项目开发与知识产权管理过程中涉及的主要内容。图中菱形纵干线表示设计开发从设计立项→列入计划→计划执行→计划完成→设计转移→成果奖励的全过程,各横干线的椭圆块表示设计开发各环节的表现形式或产生的技术载体,各横干线的长方块表示各环节所涉及的知识产权管理内容。

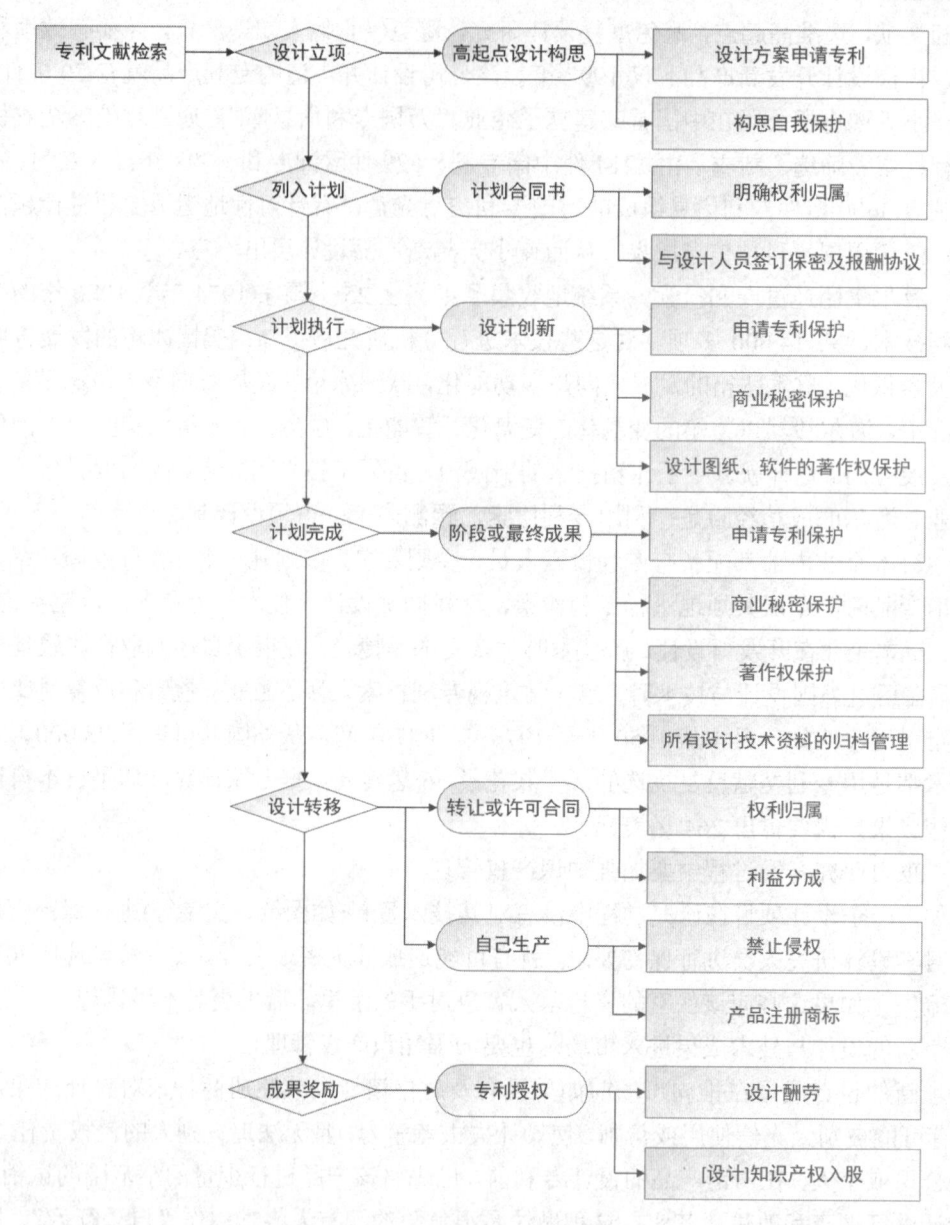

图 8-1 设计的知识产权保护

2. 知识产权能够对创新设计进行有效保护

1) 加强知识产权保护,遏制抄袭与侵权行为

目前,设计界的抄袭、侵权行为已屡见不鲜,且不断涌现出新形式、新问题。例如,1999年某公司起诉宜宾市某信息服务有限公司侵犯其"××在线"网页的纠纷(被告的网页与原告

的网页设计几乎相同),这也是国内首例网页设计侵权纠纷案[①]。抄袭和侵权的大量存在,必然助长不尊重他人知识创造的不良风气,以及设计市场的混乱无序,严重影响到设计行业的健康发展。

因此,加强设计的知识产权保护,无疑是非常有效的管理途径。正如苹果临时总裁 Steve Jobs 在一项声明中指出:"为设计我们获得嘉奖的计算机外观设计并使其投放市场,我们投入了大量的资金和精力,我们要利用知识产权法律来保护这些设计。"

知识产权对工业设计的保护是多方位的,表现在专利权、著作权、商标权等多方面的权利保护。

2) 知识产权对设计的保护,最直接的体现就是经济与市场效益

如果把设计成果看作无形商品,工业设计的价值就是在市场中体现出来的效果。设计创新的一个基本特征,就是强调市场的实现程度和获得的商业利益,这是创新成功与否的重要标准。

在当今社会,一项具有高额利润和广阔市场前景的产品,必然会引起企业间的激烈竞争,如果没有专利、商标等知识产权的综合保护,在市场中的竞争力必定会大打折扣。而自主的设计知识产权带来的是自主的市场份额和效益回报。随着高科技的发展,设计项目的投入也越来越大,没有知识产权的保护,就不能得到设计开发的投入,更不能获得高额回报,并引起市场竞争秩序的混乱。

例如,海尔设计"小小神童即时洗"洗衣机,第一次申报专利即达 12 项,依据设计开发与专利申请相结合的策略,从外观到内部结构所有新设计、新技术的应用均通过专利申请的方式获得了知识产权保护。投入市场后,产品深受消费者欢迎,市场效益巨大。"小小神童"洗衣机从自动型、全自动型、电脑型到透明视窗型,每一代产品都形成了全面专利保护,共获国家专利数十项。正是由于有全面、严密的专利保护,至今尚未有专利侵权与技术仿制问题出现,从而保证了该系列产品市场效益的最大化。据统计,从 1998 年至 1999 年,"小小神童"洗衣机已累计销售 150 多万台,实现销售收入 13.2 亿元,在国内微型洗衣机市场中占有 98%以上的市场份额。海尔正是有效运用知识产权保护这一武器,既作为"矛"向竞争对手发起进攻,以领先的设计和技术夺取竞争的优势,又作为"盾",以法律保护新产品的独立性,取得了合法权益和竞争优势。

3) 设计的知识产权保护是"双方面"的保护

既要防御他人侵犯自己的知识产权,也要注意不侵犯别人的知识产权,以免给自己带来被诉讼的麻烦。日本松下电器对知识产权的理念就是"不可强摘他人之果",而目标是通过自主知识产权,实现市场利益的垄断。

3. 知识产权管理能够激励创新设计

知识经济时代是一个充满变革的时代,科学在创新、技术在创新、生产在创新、管理在创新、观念在创新、文化在创新……工业设计同样也需要创新。而激励创新正是知识产权管理的

---

① 资料来源:陆杰.中国互联网侵权第一案有了说法 [EB/OL]. (1999-09-22)[2025-04-18]. https://www.gmw.cn/01ds/1999-09/22/GB/ds%5E268%5E0%5EDS3419.htm.

重要目标。

中国最新修订的专利法，为了把专利及其管理纳入技术创新体系之中，在第 1 条立法宗旨上把原来的"促进科学技术的发展"改成了"促进科学技术的进步与创新"。其合理性在于：首先，创新活动会因市场、技术等不确定因素而生长受阻，具有风险性，而专利权给创新者以市场保护，使他在一定期限内具有排他独占权，以便得到创新的应有回报，自然会提高其创新积极性；其次，维护市场的公平有序竞争，使竞争者要在不侵权的情况下取得优势，就必须进行新的设计创造，从而促进人们持续创新；最后，专利信息的公开，可以避免重复研究开发，并为人们在现有基础上进行新一轮创新提供了有利条件。

诺贝尔奖得主道格拉斯·诺思对知识产权管理制度的确立给予了很高的评价，他认为，"付给科学家报酬和奖金是刺激出成果的人为办法，然而一项专为发明创造的知识所有权而制定的法律则是一种制度安排，可以更有效更直接地刺激发明创造。没有这种知识的所有权，便没有人会为社会利益而拿私人财产冒险。"可见，知识产权是市场经济条件下促进创新的重要手段。

美国《商业周刊》曾根据专利数、最新影响指数、技术实力、技术周期时间 4 个数据综合评价一家企业的创新能力，运用统计分析的方法为世界创新实力最强的 200 家大企业排定座次，其中前 25 名中日本企业和美国企业各占 11 家。当时这一统计就说明：企业所拥有的专利技术数量越多，则技术更新周期越短，企业开发新技术的速度越快，企业的竞争实力也就越强。美国《商业周刊》的封面如图 8-2 所示。

图 8-2　美国《商业周刊》的封面

4．知识产权是企业参与国际市场竞争的通行证

随着全球经济一体化和贸易自由化，知识产权日益成为世界贸易、国际竞争的重要力量。对发达国家而言，知识产权保护的意义早就超出了知识产权保护自身而演变成一种经济、政治竞争手段。例如，近年来印度等发展中国家严厉抨击发达国家在知识产权领域的霸权行径，称它们利用专利、商标等手段限制发展中国家的产业发展。

目前，世界500强企业通过对产品技术实施专利申请保护，在其所开展的技术领域内处于相对优势和主导地位，在市场竞争中形成垄断。如果企业不能拥有有效专利权，必然会被诉侵权和索赔，直至被完全挤出市场。在发达国家，跨国公司不仅通过对一种技术的专利申请，而是将各种实施可能全面保护起来，并且根据市场竞争实力对比，相互间构成技术联盟，对内相互许可实施，对外统一抵制其他品牌进入该市场。对于市场新加入者，它们通常都会在专利技术上做文章，对其进行侵权指控，要求巨额赔偿，直至将其最终完全挤出市场。近年来6C联盟向中国100多家企业索要DVD核心技术专利费，就是一个典型的例子。

在这种以专利技术竞争为主的市场竞争面前，一味避开已有专利范围是被动的，而且成功率不高，要立足于技术竞争必须具有专利权。这时的知识产权已经成为一种国际市场准入资格，技术成果不进行专利申请、缺少当地国家法律的保护，就难以取得法律上的同等地位，只能任由他人排挤和追加诉讼。

对此，海尔的成功经验无疑值得借鉴。2000年3月份，海尔在美国南卡罗莱那州投资设立的新型家电生产厂正式投产，第一批电冰箱产品随即投放到美国市场中并引起消费者和商家的欢迎。海尔能在竞争最激烈的美国市场中建厂生产，是因为海尔具有符合美国法律的知识产权作为依靠。除已经在家电相关类别中申请了各类海尔商标外，在选择以何种类型的产品作为投产品种的问题上，为避免盲目投资而发生侵权风险，海尔多年来跟踪冰箱技术在美国的专利文献库，对相似技术专利进行排查。同时委托专利代理律师，对排查出的多项相关技术内容逐一进行侵权检索分析。通过跟踪检索，对与海尔产品技术相关的美国专利实现了全面的筛选分析，找出其中容易发生侵权纠纷的技术方案，转而指导海尔现有技术的研发。最终做到在不构成侵权的前提下，利用美国专利法申请海尔自己的专利，防止被他人仿制侵权，从而确保海尔冰箱在美国完全享受到美国专利法的保护。据不完全统计，在美国200 L以下冰箱市场中，海尔冰箱已占据了30%以上的份额，而200～300 L冰箱市场，海尔冰箱已占据了40%以上的市场份额。[①]

从上述内容不难看出，未来新世纪国际经济实力的竞争，实质上是知识产权的竞争。工业设计要想发展，要想增加竞争力，必须顺应时代潮流，加强知识产权管理工作。

总之，面对知识经济、信息时代的来临，世界贸易自由化、经济一体化、决策科学化、知识市场秩序化和法制化将是社会发展的新趋势。在这种以无形资产作为竞争对象的知识经济社会中，工业设计作为无形资产的知识产品的创造、传播和应用，必须有可靠的完整管理体系予以保障和实施。

因此，要提出并大力发展工业设计知识产权管理以推动设计开发与创新。

8.2　工业设计知识产权管理概述

一个成功企业所拥有的最重要的资产就是无形资产，它主要表现为知识产

---

① 资料来源：海尔集团.海尔中小型冰箱已占美国1/3市场份额[EB/OL]. (2000-12-16) [2025-04-18]. https://www.haier.com/press-events/news/20110930_138790.shtml.

权。企业作为设计开发和市场化推广的组织机构，应该加强设计知识产权管理。然而，目前国内还有不少企业缺乏知识产权意识，往往是企业发生重大侵权事件或商业秘密泄露事件后，才引起企业领导的重视。

1. 工业设计知识产权管理的主要内容

工业设计知识产权管理不同于一般的设计管理，它是从知识产权的角度，有效地应用各种知识资源，针对企业的工业设计及其创新成果采取规范、激励、保护、转化等管理机制，促进设计产业化发展的管理体系。

工业设计知识产权管理研究的内容主要有以下几方面。

1) 工业设计中的知识产权关系

这是通过设计知识产权管理，调整人们在创造、支配、使用和转让设计成果过程中的各种权利义务关系。这可能会涉及设计人、发明人、开发者、投资人、销售商、社会公众，以及企业、院校、设计服务机构、政府等多方面的利益。因此，这主要是对组织和人的管理，需要通过制定和完善设计与知识产权法规，以及建立保证法规有效运行的机制来实现。

2) 知识信息的研究利用

这主要是设计开发过程中的决策管理，主要通过专利文献的检索与研究，掌握最新技术与市场动向，跟踪竞争对手，提高设计创新的起点，并更快、更好地将新技术、新信息调配运用到工业设计的最佳方案中，提升企业自行设计开发的能力。

3) 设计知识产权的保护与国际研究

这是设计开发前后涉及的所有知识产权资源的保护。企业、院校、事务所等设计组织应高度重视设计知识产权资源的价值，并依据知识产权法律、法规和组织自身的特点，构筑完备的设计知识产权保护体系。

知识产权保护是知识产权管理的核心内容，其水平客观上反映了一个社会、一个国家科技文化的发展水平。当前，各国知识产权保护水平的差异，实质上反映了各国科技文化水平的差异，因此，加强对国际知识产权的研究与交流也是十分必要的。

4) 设计知识产权转化为直接生产力的管理策略

这是设计知识产权(如设计专利、设计作品、商标、品牌形象等)产业化实施的管理。因此，企业、设计院校、设计服务机构及政府等各方都需要制定相关的知识产权管理策略和规划，并且注意密切配合、共同合作，真正做到设计产业化，为社会作出贡献。

5) 企业人才资源的隐性知识资本管理

隐性知识资本主要包括企业员工具有的知识结构、工作技能、创新设计能力、合作能力等。这是企业设计创新的源泉。只有在管理上注重以人为本的创新激励模式，才能充分尊重并激发设计主体的创造性，促进设计创新，这也是知识产权管理的一项重要内容。

总之，工业设计知识产权管理，不是单纯的事务管理，而是带有战略性质的、系统化的管理体系，其核心就是保护和创新。设计知识产权管理制度的确立健全，对中国工业设计的健康发展具有重大意义。对于工业设计知识产权管理这一新课题，还必须在理论上、实践上加强研究。

2．企业设计知识产权保护的阶段策略

企业的产品设计开发大致经过以下四个阶段。

1) 项目选定阶段

这一阶段的基本工作是研究(research)。研究又分为基础研究和应用研究两个方面。基础研究的成果是新的知识，表现为智力活动的成果。应用研究的成果是新的设计方案、蓝图、效果图等，总的来看，这一阶段的成果属于思想(idea)的范畴。这一阶段的成果因大部分内容缺少工业实用性，故获得专利保护的难度较大，但可能得到技术秘密或版权的保护(仅限于思想表达部分)。

2) 开发中试阶段

这一阶段的成果表现为产品或技术模型(proto-type)。模型可以是关于工艺或方法的准确的记载，也可以是小批量的样品。这一阶段的成果有重要的工业应用价值和固定的表现形式，因而可能具有专利性、版权性、技术秘密性。

3) 批量生产阶段

这一阶段可申请商标注册，为产品上市作准备。

4) 市场化阶段

根据以上对设计开发产业过程的分析可以看出，各阶段的设计成果的属性并不相同，受到保护的可能性差别很大，对保护的要求也不相同。图 8-3 给出了设计开发不同阶段保护的可能性。

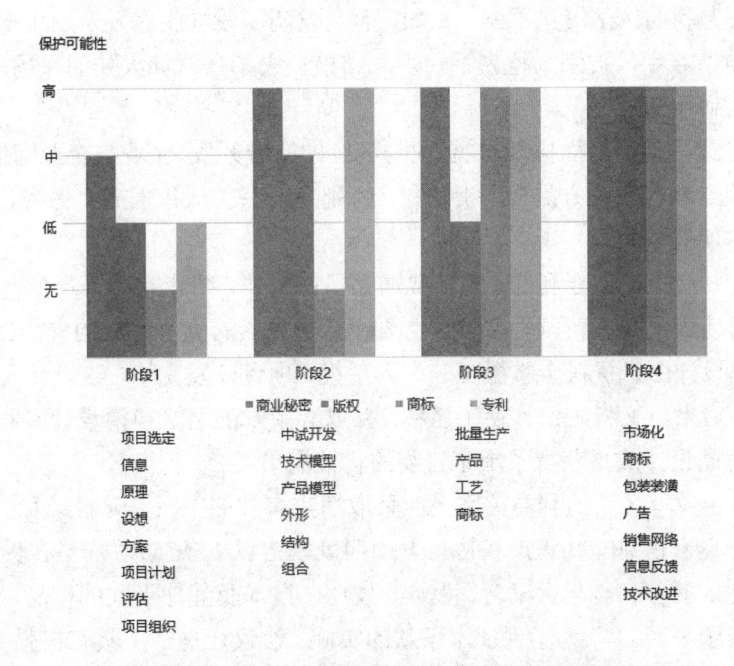

图 8-3 设计开发在不同阶段受到保护的可能性

可见，在设计开发各阶段，知识产权保护水平是不一样的。例如，在阶段 1，因为许多成果达不到知识产权法要求的标准，因而保护水平较低。在阶段 3 和阶段 4，大部分内容可以受

到专利、版权、商标等法律的保护，因而保护水平较高，在这两个阶段加强设计知识产权保护，意义尤其重要。

另外，针对企业开发各阶段的特点，有些专家还提出企业知识产权综合保护的模式。所谓综合保护模式，是指企业综合运用版权、专利、商标法、反不正当竞争、技术合同等法律，加大知识产权的保护力度的策略。这在第 6 章的部分内容中已有体现。

总而言之，企业应该针对自己开发产品的不同形式和阶段，寻求适当的保护模式，综合运用设计知识产权法，实施阶段性、综合性保护。

3．企业设计开发与专利管理的要点

日立公司认为，设计开发工作与专利管理的关系，就如同车的两个轮子一样，缺一不可。企业要想成功地实现设计开发与专利管理，应该注意以下内容。

1）制订专利开发计划

企业在制订新产品开发计划、新技术开发计划时，必须与专利开发计划的制订紧密结合起来。因为企业的产品再好、再先进，产品的设计再新颖、再畅销，若没有专利保护，就不会有占领市场的地位。企业在这一阶段需要弄清许多情况，其中特别重要的是技术动态、取得专利的可能性以及其他企业相关专利的情况。

专利开发计划一般包括专利类型计划、专利申请时间计划、专利开发资金计划等内容。比如，专利申请时间计划就不容忽视，因为根据专利的先申请原则，权利授予先申请人，而不管事实上的开发先后，因此，企业应该及时将设计成果申请专利。在历史上，先设计发明再申请专利，以至于痛失专利的例子屡见不鲜。比如，著名发明家爱迪生在发明出电影后，由于没有及时在欧洲国家申请专利，被别人抢先了一步，结果失去了在欧洲大陆的市场。

2）订立开发协议

专利开发的形式正趋于多样化，例如企业与院校的联合开发、企业与企业间的虚拟开发等。通过开发协议明确专利开发各方的权、责、利，特别是在有关成果发布、保密、资料保管、利益分配等方面应有明确规定。

在开发过程中、尚未申请专利前，尤其要加强保密工作，防止有关人员擅自以论文等形式对外公布成果，而使成果丧失新颖性，同时也要注意不正当的竞争造成的失密。例如，某企业开发一新项目时，设计图纸资料全掌握在一个人手里，项目开发完毕，该设计人员却在离岗时将资料全部带走，后来他又将此设计换了名称，并以其亲友的名义申请设计专利，结果不但取得了专利权，还凭此设计成果获得了国家科委的科技成果奖。

显然，在管理企业与员工的利益关系上应采取切实有效的手段。例如，西方某跨国公司与员工签订的《关于秘密信息与知识产权协议》中明确规定以下条款："雇员在受雇期间产生的本人单独或合作完成的任何构思、概念、设计、发明、技术及其他形式的作品，其著作权和其他知识产权依法属于公司。[①]"为了保证本条款的实施，协议还规定了具有很强操作性的条款，

---

① 资料来源：金锄头网．外国企业知识产权归属制度案例 [EB/OL]．(2022-05-04) [2025-04-18]. https://m.jinchutou.com/shtml/view-287686165.html.

第8章　工业设计知识产权管理与策略

例如雇员在完成上述成果时必须向公司报告的制度。为防止雇员在工作期间使用别人的成果而导致侵权，该协议明文规定："雇员不得向本公司及其子公司披露或在其业务中使用，或导致他们使用第三方的秘密信息或资料。"并要求雇员在受雇时列出属于本人的成果，以防止出现侵权纠纷时反悔。

可见，在知识产权的取得、归属及其处置与收益分配上，签订一个互为权利义务的知识产权协议书，既能有效控制公司的设计成果，又使作为设计人的雇员乐于接受，并且还能对设计中的侵权、滥用等行为加以规范。

3) 建立设计专利奖励制度，鼓励创新设计

美日等许多企业都制定有关专利的奖励条例。例如，富士通公司每年花在奖励员工设计发明创造上的奖金10多亿日元。美国IBM公司则规定员工的设计发明如果首次被采纳用于申请专利，就奖励1500美元，第二次及以后被采用时，每次给予500美元的奖金。这些奖励投入和措施是十分必要的，能够更好地激发员工的创造积极性，中国的专利法也有类似的规定，中国企业单位应该积极采用。

4) 专利信息的检索与分析

在专利开发阶段必须加强市场调查，搞好专利的情报信息工作。搜集和研究专利情报是专利开发的关键环节，通过专利情报资料的查询，掌握国内及国际的专利动态，避免专利纠纷，杜绝重复开发的盲目性，减少投资和赔偿的风险。

以专利产品设计开发为例，首先要了解一系列关于竞争对手、产品、技术、市场等方面的信息和数据。

通过专利文献的检索和分析，能够准确掌握到：在现有技术成长阶段，新技术的发展动态和可能应用领域；本行业的技术发展动态；竞争激烈的技术领域；未来产品发展趋势；部分竞争对手的研究开发动态；新产品的可能寿命、潜在市场的经济价值等重要信息。随时跟踪专利文献所提供的情报，比仅依靠市场信息能更早地预测某种产品的更新换代。

例如，1975年日本电子表工业的崛起，曾使世界钟表业发生了一次巨变，致使原来的钟表王国瑞士有半数钟表工厂倒闭。据分析，其中重要的一点，就是瑞士人忽略了对专利信息的捕捉和分析。因为专利文献早已对这次变革预先提出了警告，第一件电子表专利(联邦德国的汉密尔顿钟表公司"Pulsar"表)是在1970年出现的，紧接着在1971年出现了与电子表有关的液晶显示产品专利。日本钟表企业正是密切注意了相关的专利情报，及时开发了电子表产品，才能够在电子表业中独占鳌头。而瑞士企业如果对当时的专利信息捕捉及时并积极行动，就可以避免或减少由于未估计到技术和消费变化形势而造成的经济损失。图8-4所示为德国的汉密尔顿钟表。

了解上述情况，企业就可以保证专利产品设计开发选题的正确性。因为企业可以了解相关行业的技术现状和水平，预测该技术或产品设计的发展趋势，从而确定待开发的新产品是否具有市场竞争力，是否符合需要，以避免无效投入和设计开发的盲目性。

企业利用专利情报除保证研究、开发计划选题的正确性外，还可以开阔研究视野，启迪研究思路，提高研究开发效率。例如，西安飞机工业公司为了缩小与发达国家航空技术的差距，

提出了"美国波音公司专利文献的开发应用研究"课题，其中共检索、筛选821项专利技术，分类翻译汇编了《波音公司航空专利选辑》，用于指导科研攻关和技术创新工作，先后为工艺、设计解决了很多科研难题。

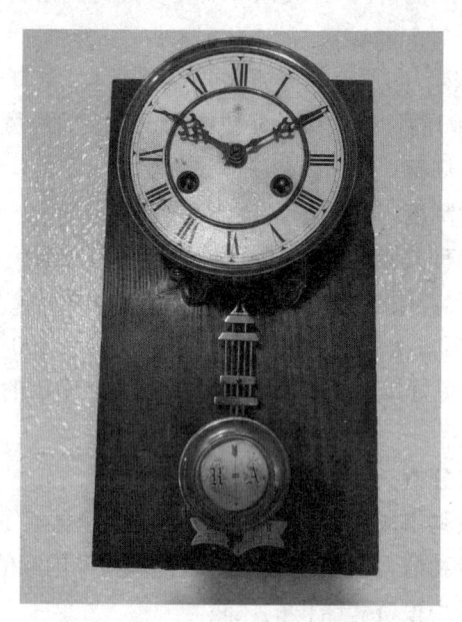

图 8-4　德国的汉密尔顿钟表

5) 加强设计部门与专利部门的沟通

对于企业来说，加强设计部门与专利部门的沟通合作，使其制度化、经常化是非常必要的。其主要内容包括：①市场情况；②专利情报；③与专利相关的法律制度；④竞争对手情况；⑤专利的前景、开发的可行性。

需要指出的是，专利部门不仅指企业内部的专利部门，也包括政府、事业单位的专利部门。比如，现在一些大企业很重视与外观设计专利部门的交流，因为该部门拥有国内外丰富的设计文献，审查员也通过接触大量的设计申请案，对设计趋势、市场发展方向往往有独特和准确的分析。这些资源正是企业设计开发所急需的。市场、设计部门与专利部门三者之间的关系如图8-5所示。

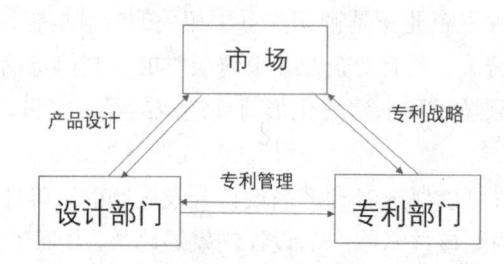

图 8-5　市场、设计部门与专利部门的关系

具体来说，企业可以根据需要选择如下的沟通管理方法。

(1) 产品策略小组会议。定期召开由专利部门、管理人员、市场销售、设计、研发制造与财务人员共同参与的产品策略会议，寻找符合公司整体策略、品质要求与市场契机的未来产品开发方向。

(2) 产品技术研讨会。由专利管理人员、顾客群、供应商等参与，目的在于掌握市场情况，开阔视野。

(3) 产品开发项目管理。利用项目管理，协调整合公司各个参与项目的部门与人员，使产品开发工作从开始的概念设计，一直到后面的成品设计都能在相互沟通中进行，并确保产品的成本、品质与可靠度。

(4) 产品创意小组与提案。由直接参与产品制造与销售服务的人员以及专利情报人员，共同参与改进产品的创意，提出改进的方案，包括产品设计、生产技术与行销策略。

(5) 产品问题防治小组。为避免在产品开发过程中出现错误，且防止时间、金钱与人力不必要浪费，产品的开发工作必须受到监督和控制。

(6) 产品设计管理小组。公司内常设以产品开发为主要功能的组织，组织的成员应包括公司各个部门，其功能在于制定产品开发策略、组成专案成员、确立市场目标等。

6) 加强专利投入、产出的记录和考核

从专利的开发阶段就要对其所消耗的各种费用进行记录核算，并为每一个开发项目进行独立管理与核算，为将来无形资产价值的核算打下可靠的基础，为核算专利的经济效益及奖励开发人员提供依据。

7) 加强对市场的监控

企业的管理者要有强烈的专利意识，要学会运用专利法保护自己，要注意各类信息和市场动态，对市场加强监控。如果发现市场上有侵犯本企业专利权的行为，就要主动出击，搜集证据，并采取措施予以制止，把损失降到最低程度。

图 8-6 是日本企业进行技术开发与专利管理的活动流程。

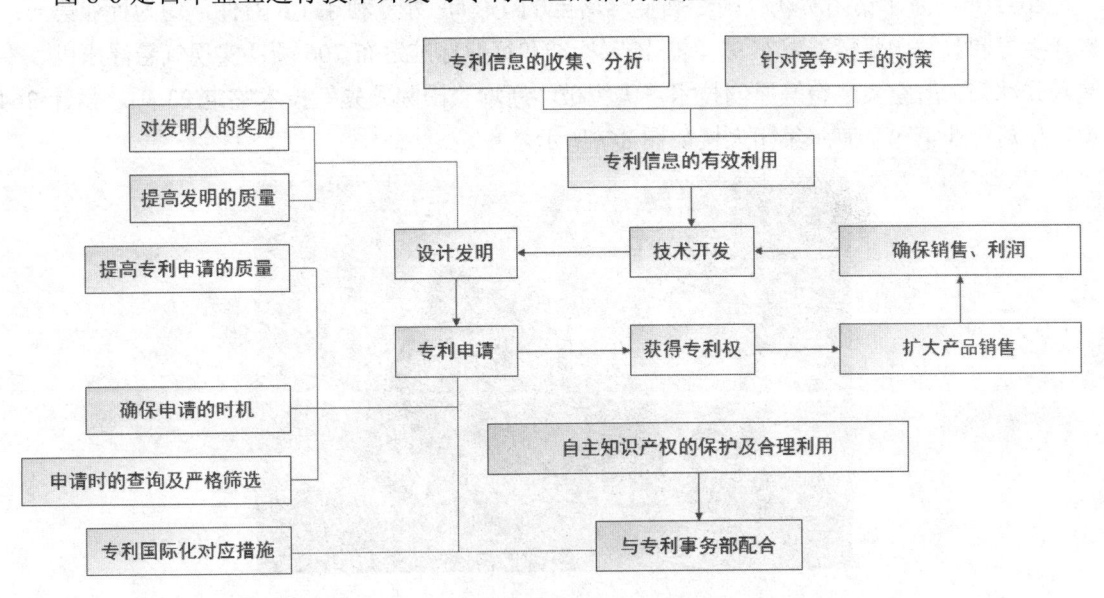

图 8-6　日本企业进行技术开发与专利管理的活动流程

4. 海尔集团的设计知识产权管理模式

海尔是国内在工业设计知识产权管理方面做得很好的企业。1987 年海尔首家成立了企业自办的知识产权部门——海尔知识产权办公室。这一机构设立于企业核心管理层内，其主要职能是全面开展企业商标管理、创建品牌，以及专利申请和保护等工作，为海尔十几年的产品创新、技术创新、经营理念创新、品牌增值发挥了不可或缺的指导作用。

（1）企业的知识产权意识。"现在的海尔，没有知识产权管理，就谈不上设计创新和参与市场竞争，这已被所有普通管理人员所接受并自觉地运用到实际工作中去。""企业的新员工，包括刚毕业的大学生，首先接受的企业文化教育中关于知识产权对企业发展和具体工作的指导作用，被当成一项主要内容来培训，从而能够在日常工作中自觉地加以运用。"比如，对于新项目的规划和论证，从决策者到设计人员都会从本职工作出发，从多个角度来考虑知识产权。诸如：该项目的专利性；涉及的各项新技术是否已有专利申请保护在先；相关经营领域和地区所注册的商标是否有效和全面；对竞争对手的不正当竞争能采取哪些相应对策等。"也就是对项目的前期论证，将会通过对知识产权方方面面的论证和准备工作进行全面覆盖，首先会形成一个全面的保护范围，并按已有规划着手实施。"

这就是目前知识产权工作在海尔管理体系中的重要性和普及性，可以说现在每个海尔员工的知识产权意识已经融入工作的各个方面，并成为自觉的工作准则和日常行为。

（2）以产品开发为内核的专利保护工作。"在海尔申请专利保护既是设计和技术创新的前提条件，又为创新过程提供技术要素和实现手段，同时也是创新成果的必然法律存在形式。"

"在海尔，没有专利申请，新设计研发就没有结束，专利申请与设计成果是一一对应的关系。即实行 100%的专利申请率，每一项创新设计方案都会去申请一项专利，从而构成对一项设计创新的法律保护。"

2022 年，海尔集团所获中国专利金奖增至 11 项，海外专利超 1.6 万件，均为行业第一；累计主导和参与国际标准发布 97 项、国家标准和行业标准发布 706 项；实现气悬浮压机、零嵌入式冰箱、航空集装箱等原创技术重大突破，新增"国际领先"技术鉴定 23 项，累计 264 项，位居行业第一。海尔集团大楼如图 8-7 所示。

图 8-7　海尔集团大楼

(3) 国内外营销网络拓展与商标注册申请战略。企业参与市场竞争，除在产品设计上进行竞争以外，企业自身品牌价值和形象竞争同样重要，甚至是首要因素。因为消费者在购买和使用产品前，是通过对企业商标认知程度的多少来决定是否接受产品的。

海尔是中国第一批驰名商标中的唯一家电品牌。"海尔的品牌经营战略，是要成为属于中国自己的国际化知名企业，目标是在全球范围内创建海尔品牌高知名度、高信誉度和美誉度的良好形象。""海尔的海外扩张总体战略，就是通过先输出商标，再输出产品和管理理念的方式，最终成功实现企业经营的国际化发展的。"

自 1990 年起，海尔坚持"先难后易"的出口战略，目前海尔品牌的各类家电产品在全球 160 多个国家和地区销售。其商标申请始终走在整体出口工作的前列。"海尔商标，包括中文、英文、图形标志，已在 183 个国家和地区申请 2000 多个商标。即使在尚未开展商务活动的国家和地区，仍坚持商标申请先行策略，使海尔真正成为一个全球化的知名品牌。"

(4) 商业秘密和反不正当竞争的保障。"海尔开发产品涉及的保密信息，通过实施合同审核，以及专利申请权的购买与转让，以法律形式确定下来，纳入法律防范领域内，直接为企业进行各类反不正当竞争提供法律保障。"

"在已经发生的多起仿制侵权案例中，正是由于海尔前期对技术合作签订合同，进而能够将复杂的技术内容，按照相关法律准则清楚、准确地划定出权利范围，所以能够在法律上取得主动，切实维护企业合法的经济利益。""目前海尔专利侵权案件诉讼审结率、胜诉率均达 100%。"

总之，海尔成功发展了十几年的经验表明，具有强大的设计创新和技术创新能力是参与市场竞争的关键因素，而拥有广泛、自主的知识产权是这一关键因素的核心内容。

8.3 工业设计与专利策略

1. 工业设计与专利策略的概念

工业设计与专利策略，包含了专利策略与工业设计两个概念，其主要特点就是，将企业工业设计与专利策略紧密结合起来，在设计创新中充分体现专利策略思想，其基本理论与具体策略是紧密围绕工业设计开发及其专利运作而展开的。其目的主要表现在以下几方面。

(1) 为领先于其他企业，取得基本专利而进行设计创新。

(2) 已知顾客的需求，先于其他企业提出专利申请而进行设计开发和创新。

(3) 除取得基本专利外，欲研究替代技术或建立专利网而进行设计开发。

(4) 基本技术构思已知，为先于其他企业取得应用技术的专利，限制其他企业而进行设计开发。

(5) 集中研究人员和设计人员，考虑将来生产什么样的产品，明确技术课题后进行设计开发。

(6) 产品出现问题，考虑到其他企业也可能遇到同样的问题，为尽早解决该问题和取得专利而进行设计开发。

(7) 本企业受到其他企业专利的妨碍，为在最重要项目上开发产品而对其他企业采取专利对策。

工业设计与专利策略的内容涉及面相当广泛，包括设计的研究开发决策、专利申请、专利情报和市场情报的分析与利用、专利实施、与其他企业的竞争策略、专利诉讼等方面。

按对设计专利的运作分类，工业设计与专利策略可以分为开发策略、经营策略、保护策略、利用策略等。例如企业开发中的基本专利策略、外国专利设计策略、绕过障碍专利设计策略等；为经营需要而采取的专利转让策略、交叉许可策略、专利与商标相结合策略等；为保护自己而采取的专利诉讼策略、取消对方专利权策略。

工业设计与专利策略的运用状况已成为企业在设计竞争、技术竞争、市场竞争中取得优势的关键。以西门子公司为例，其工业设计与专利策略的目标是：在知识产权方面的投资尤其着眼于提高公司的竞争能力，扩大可涉猎的技术的范围(设计自由)，产生额外收入(许可收入)，确保其拥有独特的技术(排他性)。

2. 基本专利策略

基本专利策略，是指企业基于对未来发展方向的预测，为保持自己新技术、新产品的竞争优势，将其核心技术作为基本专利来保护，并制定该技术领域发展的策略。基本技术专利策略中的基本专利，往往是企业划时代的、先导性的核心技术或主体技术，它具有广泛应用的可能和获得巨大经济利益的前景。

一个企业如果具有强大的技术研究和开发能力，以及雄厚资本，首先获得基本专利是非常重要的。国际上实力雄厚的大公司无一不把这一策略放在首位。例如，美国杜邦公司的尼龙基本专利技术、施乐公司的复印技术等的开发和运用都为公司带来了巨额利润。基本专利如果进一步被接受为技术标准，那么在该技术领域的统治地位将更加牢固。

基本专利尽管有很强的应用前景，但如果企业在开发基本专利技术时，不注意及时开发外国专利，以形成专利保护网，他人就极有可能在掌握基本专利技术内容后，抢先开发出外国专利，那么基本专利开发者反而会受到他人限制。日本企业就善于通过大量开发外国专利来遏制对手的基本专利。

因此，为了避免基本专利策略的孤立运用，企业采取以下措施是十分必要的。

第一，及时开发外国专利，为基本专利建立专利保护网。

第二，采取多种手段和途径，防止他人在基本专利技术周围某些残留未开发的领域获得专利。

3. 外国专利设计策略

外国专利设计策略又称专利网设计策略，它是与基本专利策略相对的，其含义是围绕基本专利，设计开发出与之配套的外国专利。

外国专利设计策略有两种类型：第一种类型，是拥有基本专利的企业，在自己的专利周围设置许多原理相同的小专利，组成专利网，抵御他人对基本专利的进攻；第二种类型，是在他人基本专利周围设置专利网，以遏制对方的基本专利。

第 8 章 工业设计知识产权管理与策略

有的企业并不具备开发基本专利技术的实力，但可以寻找空隙，绕过对方的基本专利，积极开发外国专利，构建自己的专利网，与基本专利抗衡。日本特许厅在《开创未来的专利》一书中论述了外围专利对基本专利的有效钳制作用，该书指出，基本发明完成后如果忽视以后的开发，基本专利的权利就会变成孤立状态，会受到改进发明或应用发明的攻击。因为无论是改进专利还是应用专利，都会具有不亚于基本专利的威力。

例如，某外国设计师设计了一种新型自行车，想在日本转让该设计专利，却发现消息灵通的日本人已就该自行车脚踏板的绿色、黄色、蓝色、红色分别申请了专利，如果设计师想在日本出售有这些颜色的脚踏板自行车，就必须向这些颜色的脚踏板的专利权人支付许可使用费，或者允许这些人生产销售自行车本身——他的专利已不知不觉陷入包围之中，保护范围大大削弱。

日本企业很善于运用外围专利设计策略，包围外国人的基本专利，围绕着基本专利筑起"铜墙铁壁"，限制其在日本的扩张应用，保护自己的市场利益。具体就是对该基本专利进行许多微小的改进，在别人核心技术周围构成一圈改进专利。

4．绕过障碍专利设计策略

若竞争对手的专利权十分牢固，并对本企业的技术开发构成制约，则可以实行绕过障碍专利设计策略，其主要方式是使用替代技术。

例如，1997 年海尔向彩电领域发展。面对着国内外众多彩电品牌和各具技术特点的彩电产品，似乎很难再找到可以发展的空间。特别是以日本为首的国外彩电厂家已经申请了众多类型的专利，从各个方面对产品技术进行保护，这种严密的技术保护对产品开发造成了极大的障碍。但是海尔通过对专利技术的跟踪，发现关于彩电屏显技术方面的专利保护并不完善。同时对消费者的调查显示，开关机时彩电显示屏的瞬间闪烁射线，不仅对消费者视力造成损害，而且也是造成显示屏使用寿命缩短的最大因素。为此，海尔决定将设计研发重点放在如何绕过已有彩电屏显专利技术的障碍，以及对已有技术的改进和替代上来，以期研制出具有独特屏显技术的新型产品。设计研发目标确定下来后，海尔先后就彩电开、关机显示方式设计出多种方案，最终确定以"拉幕式开关机"为主导方案的屏显技术，并申请专利，最大范围地覆盖住技术范围，从而确保了该项技术在国内应用的首创性。

当然，如果实在无法绕过竞争对手的专利，那么企业只能考虑有偿引进该专利技术，或者干脆放弃该项目的开发计划，这也不失为明智之举，因为它避免了最坏的情况——盲目开发生产导致侵犯他人专利而付出赔偿金。以索尼公司为例，它曾一度致力于电子照相机的研究设计，并投入数亿日元的资金，但当它发现美国波拉罗依公司在该项目的研究中已走在前头，而自己难以与之匹敌时，便立刻停止了该项目的进展。

5．专利转让策略

企业设计开发出的专利产品或技术，除了自己生产、实施外，还可以通过有偿转让专利所有权或使用权的方式获取利润。例如，日立光靠出售专利许可证，曾经每年收取使用费就多达 70 亿日元。而早在 1989 年美国得克萨斯仪器公司就创下了专利使用费年收入近 1 亿美元的纪录，该公司董事长琼金说："企业的主要利润是专利的收入。"

当今世界，有形产品的价格和贸易呈下降趋势，而无形产品的交易和价值呈上扬趋势。对于国际上的这种发展潮流，越来越多国家的企业都把专利贸易当作重要的收入来源。以美国为例，尽管它的有形产品进出口贸易连年出现赤字，但其以专利技术为代表的技术进出口贸易则连续多年为大额顺差，这笔贸易顺差主要来源于美国企业的专利转让收入。值得注意的是，近年来，发达国家不断提高专利使用费的收取标准来获取更多的利润。

企业实施专利转让策略主要适用于以下场合。

(1) 企业自身难以开拓市场，企业通过转让专利权，可以较快地换取资金，赚取利润。

(2) 如果企业的专利技术有可能使技术标准化，那么通过专利技术的转让可以加速技术产业标准化的过程。例如，菲利浦公司曾经通过广泛地转让自己开发的录像机 VHS 带和 BETA 带专利技术，加速了该技术的标准化。图 8-8 所示为飞利浦录像机。

图 8-8　飞利浦录像机

6．交叉许可策略

这是指企业签订交叉实施许可合同，以相互使用对方专利的策略。它一般有以下两种情况。

1) 排除障碍的需要

任何企业都不可能开发或占有所有的技术，如果本企业拥有自主开发的专利，而竞争对手的专利与之比较接近，并且对本企业的生产经营构成障碍时，在无法排除或绕过该专利的情况下，就可实施交叉许可战略，以实现双赢。

2) 合作垄断的需要

西方一些大企业为联合技术优势，合作垄断技术市场，就常常利用这种交叉许可策略对专利实施垄断。在发达国家，跨国公司不仅积极申请专利，且根据市场竞争实力的对比，相互间构成技术联盟，对内相互许可实施，对外统一抵制其他品牌进入该市场。在合作中，各企业可以通过相互交换技术来弥补自身的不足。

7. 专利与商标相结合策略

专利和商标都属于工业产权,但它们保护的领域不同,专利保护的是新产品或其制造方法,涉及产品的结构、工艺和外观设计等方面。而商标是用来区别商品或服务来源的,保护的是商品或服务的信誉。企业如果能将专利与商标策略相结合,会取得更好的效果,这就是专利与商标相结合策略。该策略主要有以下几种情况。

1) 专利与商标搭配策略

专利与商标搭配策略即企业允许他人实施自己的专利,但作为条件,要求对方必须使用本企业产品上的商标。使用这种策略,既可以提高本企业的产品销量,又可以进一步培植本企业商标,提升企业的知名度。

2) 专利与商标交换策略

专利与商标交换策略即企业以专利换取另一企业商标使用权,使配上该商标的专利产品投放市场后能有效地吸引消费者,增加产品销量。实施这一策略应注意交换的商标应该有较大的知名度和市场价值。

3) 利用商标承接专利策略

专利保护是有期限的,企业利用专利权在保护期内形成产品市场优势,当产品专利权届满后,这种优势就可能会丧失,此时如果用商标权进行承接,就可以保持这种优势。这就是利用商标承接专利的策略。

具体就是,先利用专利权的专有性形成产品的市场优势地位,形成一定的知名度(最好能为创造驰名商标打下基础),专利保护期届满后,再利用商标权延续对专利产品市场的持续控制。"实施这一策略,应该注意该专利的市场选择、专利产品开拓市场的程度以及注册商标的选择等问题。"

8. 专利诉讼策略

可以说,专利转让策略和专利诉讼策略是国际大企业获取市场竞争优势的两大利器。作为一种常用的进攻型的专利策略,专利诉讼策略指的是"利用专利保护权限,收集竞争对手专利侵权的可靠证据,及时向竞争对手提出侵权警告,或向司法机关提起诉讼,迫使对方停止侵权、支付侵权赔偿费,以达到维护自己合法权益、获取巨额赔偿、打击竞争对手、确保市场竞争优势的目的"。

例如,国外大企业曾经向中国的手机等厂商发出侵权警告,大规模征收专利使用费,既获得巨额赔偿,又巩固了自己的市场地位。值得注意的是,其对诉讼时机的把握很有技巧,充分显示出策略性。

9. 取消对方专利权策略

这是排除竞争对手的专利对本企业构成威胁的一种最常用的手段,即利用竞争对手专利上的漏洞、缺陷,启动专利制度中的无效程序,部分或全部取消对方的专利权。

例如,某日本仪器公司曾起诉中国某企业侵犯其产品的外观设计。该企业迅速采取取消对方专利策略，通过各种渠道搜索资料，最终在某德国刊物上找到相似的产品设计先于申请日公开，结果以该外观设计缺乏新颖性为由，使其无效。①

10．专利回输设计策略

专利回输设计策略是指企业对引进的外国专利进行研究、消化，并加以改进和创新设计，再将创新产品和技术申请专利后，卖给原专利输出国。

运用专利回输设计策略，关键是要处理好技术引进与设计创新的关系。日本企业在这方面最典型，就以历史上日本企业的电视机产业发展为例，日本企业从美国引进有关电视机的专利技术后，通过消化、吸收、改进和创新过程，使自己的电视机质量赶上了美国的电视机，又由于其价格便宜，反而占据了美国市场。正是由于日本专利回输设计策略的进攻才导致美国的电视机产业一蹶不振。

11．利用失效专利策略

除因超过保护期失效外，专利权还可能由于专利权人自动放弃、未按规定缴纳年费而提前终止。利用失效专利策略就是从失效专利中有针对性地选择相关技术进行研究开发的一种策略。

据统计，世界上专利累计数已达 3000 万件，其中有效专利占 12%左右，这说明企业可以从占专利总数 88%的失效专利技术中进行筛选，利用空间巨大。企业使用这些不再受法律保护的失效专利，技术风险小、效益高，是一种既简捷又经济省力的途径。

例如，磁带录音机是由荷兰菲利浦公司发明的，但该公司由于错误地认为当时发展录音机产业不会有市场，就主动放弃了该产品在多个国家的专利。结果，日本开发商就利用失效专利，先后开发出各式录音机，受到消费者普遍欢迎。

12．发展中国企业的工业设计与专利策略

根据美、日等发达国家的成功经验，中国企业应该大力发展工业设计与专利策略，促进设计创新和技术创新，增强竞争力，获得最佳的经济效益和社会效益。因此，中国企业目前主要应该做好以下工作。

（1）制定正确的工业设计与专利战略。《辞海》对"战略"一词所下的定义是：战略是重大的、带有全局性的或决定全局的谋划。工业设计是一门系统学科，同样涉及战略问题。要发展工业设计与专利策略，首先就要制定正确的工业设计与专利战略。随着知识经济时代的到来，中国的政府和企业已将如何运用工业设计与知识产权战略视为研究和决策的重点。

从国外的经验来看，企业设计创新战略的模式主要有开拓型和改进型。其中，开拓型以美国为主要代表，其成果一般表现为基本专利；改进型以日本为代表，其成果多表现为改进专利、外国专利、应用专利。

---

① 资料来源：中国国际贸易促进委员会浙江省委员会.国际商事调解丨案例精选(三十七)：日本某公司与中国公民廖某侵害外观设计专利权纠纷案 [EB/OL]. (2021-10-22)[2025-04-18]. http://www.ccpitzj.gov.cn/art/2021/10/22/art_1229574285_20580.html.

第8章 工业设计知识产权管理与策略

"开拓型战略是一种积极主动地利用自己的技术优势和经济实力,抢在同行前面,研究出富有技术竞争力和市场竞争力的创造性很强的专利产品的战略。"例如,美国波拉罗依公司开发的一次性成像技术、苹果公司的 iMac 电脑设计等都属于这样的技术和产品。

开拓型战略是一种高屋建瓴、先发制人的战略。但并非任何企业都适用于这一战略。一般实施开拓型战略应具备以下条件。

① 企业拥有较强的设计开发能力,并且能够为技术创新活动投入较多的资金和设备。

② 企业对技术的市场走向有较强的预见能力,企业在专利产品商品化、市场化方面有较强的开拓能力。

改进型战略是指企业通过对本企业和他人的技术进行改进、完善,在原有基础上创新出高质量产品。例如,索尼公司经过深入决策,高价引进美国西屋电气公司的晶体管专利技术,并在该技术基础上,根据"小型化"方案,排除重重困难,设计开发出"六三型"袖珍收音机。这是个人用收音机的第一代产品,新产品在国际市场十分畅销,创造了出口 50 万台的世界纪录。

一般实施改进型战略应具备以下条件。

- 企业拥有比较健全的专利情报网络,并且善于分析和掌握其他企业的技术发展动态和市场动向。
- 企业有比较强的研究开发能力,特别是善于在已有技术基础上设计开发新产品。
- 企业有较强的生产、销售实力,特别是开拓新产品市场的营销力量。

中国企业从整体上说技术水平和设计开发能力还比较低,因此在开发战略上还应以改进型、追随型为主,要重视专利情报的作用,紧跟国内外企业的研究开发动态,加强合作,适当地引进技术,并注意改进和创新,适时地开发外围专利,逐步建立自己的工业设计与专利策略体系。

以中国汽车行业为例,目前中国汽车设计与技术能力和国外发达国家相比还有相当大的差距,现在总结出来的战略模式还是以改进型、追随型为主,其具体的工业设计与专利策略模式是:委托或参与国外设计,加以研究改进;或引进关键部件和技术,加以整合设计、生产。实践证明,这两种模式都是取得知识产权的有效途径。例如,沈阳华晨公司委托意大利著名设计师乔治·亚罗设计"中华"轿车的外形,而公司拥有知识产权。哈飞汽车与意大利平尼法瑞纳设计公司联合设计"哈飞赛豹"车型,哈飞与该设计公司共同拥有知识产权,并拥有修改其设计的权利。图 8-9 所示为哈飞赛豹汽车。

图 8-9 哈飞赛豹汽车

其实，日本、韩国的汽车企业也是通过模仿市场上已有产品而逐步发展起来的，这是自主研发的初级阶段，是无法跨越的。中国奇瑞汽车的案例也很有代表性。

奇瑞第一代车的底盘是模仿捷达的，车身是与台湾福臻模具实业股份有限公司联合设计的。而佳景科技有限公司作为奇瑞自主开发采用"外包"的第一个合作者，使奇瑞开始进入实质性的创新阶段，奇瑞与佳景合作，开发出的 QQ 小型轿车(见图 8-10)销售极其火爆，在国内市场上大大领先于国外著名汽车厂商开发的同类型产品。可以说，奇瑞正在努力超越单纯的模仿阶段，QQ 的推出就体现了一个对细分市场的敏锐把握，比起单纯的"模仿+低价"是一个明显的进步，但还是远远不够。

图 8-10　奇瑞 QQ 汽车

佳景代表了奇瑞自主开发的第二阶段。在这个阶段，奇瑞的整车被分成了车身、模具和配套，奇瑞掌握整体控制和系统集成。随着创新需求的深化，随着自身对整合技术的把握，奇瑞还有将整车细分下去的打算。随着多款汽车的开发，奇瑞已经把合作资源延伸到国外。他们先后聘请了博通(Ber-tone)、平尼法瑞纳(Pinintarina)等欧洲和日本的设计公司为其进行其他车型的造型和工业化设计工作。在这个阶段，企业游走于创新和保护知识产权的中间地带。

奇瑞与国内外的设计公司合作设计开发车型、变速箱、模具，甚至全系列的发动机，逐步将这些技术积累转移到自己手中，以取得对汽车核心技术的掌握，并拥有自己的多项专利。

"现在奇瑞已不满足于只做整车的整合，而要向汽车的核心技术——底盘设计能力和动力传动系统技术进军。而这种由外及里的发展道路，很难再获得直观的参照，意味着将会有更多的投入和更大的风险。"

"在奇瑞的战略构想中，国际合作是其发展自主开发能力的第二阶段，第三阶段则是要设计较小、较低档的产品，然后向设计较高端产品爬升。最后要在第四阶段完全达到自主开发，形成自己的风格和特点"。

当然，中国具备实力的企业也应该有更高的战略要求，开拓型战略也是其应当考虑和可以实施的。

(2) 加大企业研究开发的投入，提高设计与技术水平。

(3) 中国企业应当加强与政府及有关单位的合作，健全专利管理机构和专利文献数据库，注重对专利文献的研究分析，并加强行业协会的积极作用。

(4) 加快企业专利商品化的进程，提高专利实施的效率。

专利的实施，是指对取得的具有实用价值的专利，进行后续开发、中试、应用、推广直至形成新产品，发展为新产业的一系列活动。一项设计发明在申请专利并获得专利权后，一定要注意实施，世界许多国家的专利法还为此规定了实施的期限，如果在该期限内未加以实施，专利就会失效。美、日等国家的企业工业设计与专利策略的成功，与专利实施率较高也是分不开的。

8.4 企业商标策略

商标策略是现代企业的一种基本策略，它主要是通过对商标的精心选择和培育来提高其知名度，使其有效地传达企业的形象和产品质量，借以实现企业产品占有市场的目标。商标策略的实施需要转化为一系列具体的战术行为，即商标策略包括设计、注册、宣传、商标使用和维护以及商标管理等内容。

企业采取什么样的商标策略，应立足于自身的经济、技术实力，并综合考虑自己的经营方针、产品特点、竞争对手状况等多种因素。

1．企业商标设计策略

设计一个好的商标，是企业实施商标策略的第一步，也是商标策略成功的基础。国内外众多知名企业对商标的设计极为慎重，甚至不惜投入大量的人力和财力。例如，美国的美孚石油公司为设计一个既符合各国风俗，又符合各国商标法律的商标，邀请各方面专家调查了 55 个国家和地区，最后从设计的 1 万多件商标中筛选出 "EXXON"（埃克森）(见图 8-11)作为该企业的商标，耗资 3 亿多美元。①

图 8-11　埃克森商标

---

① 资料来源：UCI 联合创智官网.埃克森美孚标志 logo 设计欣赏及品牌历史[EB/OL]. (2022-10-21)[2025-04-18]. http://www.chinalhcz.com/news/20221021155548.html.

企业商标设计，不同于一般的标志设计，其涉及的因素较多，尤其应该注意以下几方面。

1) 商标应具有显著性和艺术性美感

所谓商标的"显著性"，是指商标从总体上看具有独特性和可识别性。有关商标显著性的内容见 5.3 节，这里不再赘述。

商标的设计还要具有一定的艺术内涵，具有一定的审美价值，以美的、个性化的形象吸引人们的注意。

2) 商标应具有合法性

商标的设计首先应考虑法律上的有效性，不具有合法性的商标是不能取得商标权保护的，甚至是不能在市场上使用的。

3) 商标要适应消费者的消费需求和消费心理

由于受政治、经济、文化、历史、心理、生理等多种因素的影响，不同的消费群体在兴趣爱好、文化素养、消费水平等方面也存在差异，形成不同的消费需求和消费心理。在商标形象的定位和设计时，应该充分考虑消费者的消费需求和消费心理，并与之相适应。

一般而言，可以根据消费者不同的消费需求和消费心理，将商标分为功能实用型、感官刺激型和社会地位型三类。功能实用型商标侧重于表达商品的实用性、功能性。感官刺激型商标强调受众感觉上的愉悦，往往表现为使消费者对商标形象的新、奇、特产生一种心理满足感和感官上的刺激。社会地位型商标侧重的是人在社会关系中获得的某种社会地位、社会评价。

4) 商标要适合商品特点，容易引起消费者美好的联想

虽然商标法规定，商标不能直接表示商品的质量、主要原料、功能、用途及其他特点，但企业商标还是应根据商品或服务的特点来设计，向消费者暗示商品或服务的某种特性或质量。同时，商标也要易于引起消费者美好的联想，使消费者对商标及其商品或服务产生好感。

比如，"Sprite"饮料初次出现在中国香港市场上时，根据港澳地区取吉利心理的常规，按其谐声取名为"事必利"，实际销售情况并不好，后改名为"雪碧"，表达纯洁、清凉之意，兼具雪的凉爽与水的碧绿于一体，容易使人联想起酷热盛夏中的皑皑白雪给予的凉爽舒适，因而深受中国消费者欢迎，并迅速占领了中国软饮市场。图 8-12 和图 8-13 所示分别为雪碧的中文和英文商标。

图 8-12　雪碧中文商标　　　　　　　图 8-13　雪碧英文商标

第 8 章　工业设计知识产权管理与策略

5) 符合企业形象

由于商标是企业形象的重要组成部分，这就要求商标与企业形象战略(CI)的风格、观念等方面保持一致。例如，德国宝马公司确立了"在人生的道路上全速奔驰"的形象概念，其商标设计充分体现了这一精髓。

6) 商标要适合于各种广告媒体

消费者对某一商标的认知主要有两个途径：通过购物认知和通过广告宣传认知。其中，通过广告宣传熟知某一商标的人数比例是很大的。因此，广告宣传对于提高商标的知名度和信誉无疑是十分重要的。

从另一个角度来看，商标设计也要适合于各种广告媒体的宣传。特别是随着数字化科技与网络等新媒体的发展，优秀的商标设计应该能与各种新媒体完美结合，为受众创造更鲜明的形象。

7) 商标设计应适应民族的文化和法律规范

有的国家的商标法根据本国的风俗作了一些特殊规定，或者存在一些禁忌。因此，出口商品的品牌商标设计，应注意要和各地的社会文化传统相适应，要符合当地的法律规范，不要违背当地的风俗习惯和各国的宗教信仰，特别是各地的忌讳。

例如，中国出口的"白象"牌电池在东南亚地区十分畅销，因为白象是东南亚地区的吉祥物，但在欧美市场上却无人问津，因为"白象"的英文"White Elephant"意思为"累赘无用、令人生厌的东西"，可见欧美人不会喜欢。中国的"蓝天"牌牙膏出口到美国，其译名"Blue Sky"则成了企业"收不回来的债券"，销售受到很大影响。图 8-14 所示为中国出口的"白象"牌电池。

图 8-14　白象电池

2．一产品一商标策略

顾名思义，一产品一商标策略就是指企业在其生产的不同商品上各自使用不同商标的策略。以国际著名的联合利华公司为例，该公司的产品涉及化学、医药、食品、化妆、清洁卫生等多个门类，其每推出一个新产品就采用一个新商标，据说该公司是当今世界上拥有商标数量最多的公司。

采用这一策略，就是根据不同目标市场的需要，按照市场细分原则，以不同的商标去适应不同的目标市场。

以美国 P&G 公司为例,在洗发水上分别使用"潘婷""海飞丝""飘柔""沙宣"等不同的商标,其个别商标策略侧重在产品与商标的市场定位。如"海飞丝"强调"去屑",目标是"拉近人的距离";而"沙宣"强调"优质的护发品质",以"时尚、前卫"为目标。正是这样的定位和策略,才能使企业在广泛的市场竞争中赢得优势。图 8-15、图 8-16 所示分别为"海飞丝"商标和"沙宣"商标。

图 8-15 "海飞丝"商标　　　　图 8-16 "沙宣"商标

产品商标策略的优势主要包括以下几个方面。

(1) 减少经营风险,不会因为个别种类商品质量出了问题而影响其他商标。

(2) 有利于吸引消费者有针对性地购买商品,扩大商品销售。

个别商标策略的局限性主要是,由于要注册的商标较多,就会增加企业的广告宣传费用和设计、注册、保护、管理商标的费用,同时也加大了企业管理的难度。

所以,个别商标策略一般适用于企业产品种类较多,并且其质量、规格、档次或工艺相差较大的情况。

3. 统一商标策略

统一商标策略是指企业所有商品都使用同一种商标的策略。例如,美国的 3M 公司、日本的夏普公司等都采用统一商标策略。

运用统一商标策略有以下优点。

(1) 有利于企业借助商标信誉推出新产品。

(2) 可以节省开发、维护、管理、宣传商标方面的开支,相应地可以在一定程度上降低产品销售成本。

运用统一商标策略的局限性如下。

(1) 一旦某个产品的质量出现问题,必然会殃及统一商标和其他产品。

(2) 必须避免在功能、用途上严重对立的商品(例如杀虫剂和护肤品、农药和人用药品等)

上使用同一商标，否则会限制企业的经营范围。

4．主从双重商标策略

这一策略是指企业在每个产品上都使用两个商标，其中一个是代表企业信誉、形象的适用于各类产品上的主商标，另一个则是专门为该种特定产品设计的从商标，该商标代表产品的特殊质量。使用这一策略，既可以借助总商标的信誉开发新产品、拓展市场，同时也可以避免因某种商品出现问题而殃及其他产品。因此，这一商标策略也为许多国内外企业所采用，在汽车行业表现得尤为明显。如福特公司旗下有"野马""雷鸟""福克斯"等商标，丰田公司在不同汽车上分别使用"丰田冠""丰田佳美""丰田皇冠"等双重商标。图8-17和图8-18所示分别为福特野马汽车和丰田皇冠汽车。

图 8-17　福特野马

图 8-18　丰田皇冠

5．联合商标策略

联合商标策略，是指同一个商标注册人在同类或近似商品上注册两个或两个以上相同或近似的商标。联合商标主要是为防止他人未经许可在近似类别的商品上使用与已注册商标类似或相同的标识。

例如，杭州娃哈哈儿童营养食品公司就曾在其知名度极高的"娃哈哈"主商标的外围，向商标局申请注册众多的近似商标，如"哈哈娃""娃娃哈""笑哈哈"等，形成一个以主商标为中心的密集防护层。图8-19所示为娃哈哈瓶装水。

图 8-19　娃哈哈瓶装水

6．防御商标策略

防御商标策略，是指同一商标所有人在不同类别的商品上注册同一个著名商标，以防止该商标在其他类商品上被别人注册使用。

防御商标的特殊功能就在于其防御性。例如，"金帝"是深圳金帝巧克力食品有限公司使用在巧克力商品上的著名商标，在国内市场上享有较高的声誉，为了更好地保护这一商标，该公司在所有34个类别的商品及8个类别的服务项目上申请注册该商标。这样一来，一个以"金帝"巧克力商标为核心的防御商标体系便建立起来了。它既可以防止其他企业在别类商品上注册或使用与"金帝"相同的商标，以避免消费者误认为这些商品与"金帝"巧克力同出一源；同时又为金帝公司以后发展新的生产经营项目保留了可以形成系列商标的充分条件。图8-20所示为金帝巧克力。

7．集体商标策略

集体商标是指以团体、协会或其他组织名义注册，供该组织成员在商事活动中使用，以表明使用者在该组织中的成员资格的标志。如佛山的"佛山陶瓷"、南海的"盐步内衣"，中山市的"古镇灯饰"，东莞市的"虎门服装"，广州的"新塘牛仔服装"等，都分别申请注册了集体商标。图8-21所示为新塘牛仔服装城。

图 8-20 金帝巧克力

图 8-21 新塘牛仔服装城

长期以来，由于国内制造行业大多数企业规模较小，生产和营销的主体过于分散，导致在市场上竞争力薄弱，有时内部还会出现恶性价格竞争。而集体商标可以把中小企业的力量集中起来，整合资源，节约成本，统一管理、统一品牌、形成合力、扩大规模、创出品牌，提高商品和服务的竞争能力，弥补企业规模较小的竞争劣势。

8. 商标形象策略

CIS(corporate identity systems)是美国于 20 世纪 50 年代开始使用的一种战略，也称为企业形象识别系统。CIS 战略是一种结合了现代设计观念和企业管理理论的整体性战略，它借助各种信息传达手段，让社会公众正确理解企业的经营理念、产品和服务品质，旨在通过创造和提升个性化的企业形象，来增强企业的市场竞争力。

完整的 CIS 包括三个子系统，即 MI(mind identity，理念识别)、BI(behaviour identity，行为识别)和 VI(vision identity，视觉识别)。其中，理念识别是企业文化的浓缩，包括企业性格、经营观念、企业信条、经营理念、经营方针等。行为识别是企业经营理念外在的动态表现，包括企业内部的员工教育、员工素质及行为方式、工作环境、生产设备等，以及企业对外的市场调查、公关宣传活动、促销活动、社会公益活动、文化活动等。视觉识别是企业经营理念外在的静态表现，包括基本设计要素(如企业名称、商标、标准字、标准色、吉祥物等)和应用系统(包括办公用品、企业车辆装饰、员工制服、环境布置与展示、招牌、产品包装等)。

商标策略与 CIS 战略具有内在的联系。从广义的 CIS 战略理解，商标策略可视为 CIS 战略的组成部分，而且是不可缺少的组成部分，因为商标本身就可以是一个完美的艺术形象，而商标形象就是企业形象的一个重要组成部分。

一般来说，企业 CIS 中的商标形象策略主要包括三部分：根据消费者的需要和企业形象战略设计创造出特定艺术形象的企业商标；出于企业形象战略的目的使用商标；通过提升商品质量、开展社会公益活动等手段树立良好的商标信誉和企业形象。

9．商标竞争策略

商标是企业的重要无形资产，是其信誉、价值、竞争力的象征。因此，商标竞争是现代企业市场竞争的一个主要方面，其核心内容就是企业充分利用商标开展市场营销活动，最大限度地开拓和占领市场。

在实施商标竞争策略的过程中，各商家为了赢得优势地位，积极采取各种商标竞争手段，其竞争的激烈程度可想而知，最具代表性的就是奥运赞助的品牌竞争。

据测算，一般情况下，投入 1 亿美元，品牌知名度提高 1%，而资助奥运，同样投入 1 亿美元，品牌知名度可提高 35%，有着普通广告 35 倍的回报率。1996 年亚特兰大奥运会期间，可口可乐公司以参加 TOP 计划为核心，密切结合广告、促销和公关等其他手段，开展了一系列规模空前的商业沟通活动，这些活动使可口可乐公司在开展"奥林匹克行动"的 8 个月中，全球的销售量增长了 9%，当年第三季度的盈利同比增加了 21%，达到 9.67 亿美元，而其"死敌"百事可乐的销售量却同期猛降了 77%。①

加入 TOP 计划的企业将获得在全球范围内使用奥林匹克知识产权、开展市场营销等权利及相关的一整套权益回报，更重要的是，TOP 伙伴享有在全球范围内产品、技术、服务类别的排他权利。这种类别的排他权利通过国际奥委会与各国(地区)奥委会和奥运会组委会签订协议的方式在各国各地区得到保障。

正是因为奥运会具有如此大的品牌魅力，全球大企业才会趋之若鹜。但是奥运会的赞助企业太多，而每个行业的赞助商通常只有一个，因此奥运赛场不仅是运动健儿们的竞技场，也成为知名大企业品牌的竞技场。其中，阿迪达斯力拼耐克、可口可乐大战百事可乐，尤其引人注目，其激烈程度令人咋舌。图 8-22 和图 8-23 所示分别为阿迪达斯商标和耐克商标。

图 8-22 "阿迪达斯"商标

图 8-23 "耐克"商标

① 资料来源：智慧芽网.专利检索与分析的重要性[EB/OL]. (2023-09-15)[2025-04-18]. https://www.zhihuiya.com/newknowledge/info_5129.html.

以悉尼奥运会为例，阿迪达斯挤掉耐克成为赞助商，禁止耐克商标以任何形式进入赛场，包括利用观众拼出耐克图案。而可口可乐作为主赞助商，也是极力排斥百事商标以任何形式与奥运结合在一起，甚至不准观众带着百事可乐的饮料进场。面对被"封杀"的不利形势，耐克、百事自然不甘心束手待毙。耐克想方设法在赛场外的各种场合宣传其商标，并戏称为"伏击策略"，这让阿迪达斯大为不满，但也只能抱怨组织者管理不力。

10．驰名商标保护策略

可以说，任何企业都希望自己的商标是驰名商标，驰名商标保护策略也应该是商标策略的最终策略。

根据中国商标法的规定，驰名商标(well-known trade mark)是指"在市场上享有较高声誉并为相关公众所熟知的注册商标"。

由于驰名商标的巨大市场效应，它更容易受到来自各方面的侵害。企业要注意强化对驰名商标的保护。

1) 设立企业商标管理机构

企业商标管理机构应负责市场调查、商标设计、商标注册、商标使用管理、商标档案管理、商标标识生产管理、废旧商标标识处理等基础性工作。

2) 谨慎运用商标许可

拥有驰名商标的企业应当谨慎运用商标许可。"企业在许可之前对被许可人的经营管理水平、技术实力、资信状况等有一个通盘的了解，以确保被许可人生产的产品质量不低于本企业生产的产品质量"，否则，就存在"砸牌子"的可能。

3) 及时防止和追究各种侵害行为。

8.5　企业专利、商标策略实例

1．"中国牙刷之都"的设计与知识产权策略

2004年6月1日，中国牙刷行业首个国家标准正式实施，全国所有牙刷生产企业都得按这一新标准组织生产。令人惊奇的是，这个国标的主要参与者竟是江苏省扬州市杭集镇的几家私营企业。据悉，这是杭集镇的民营企业注重工业设计与自主知识产权，用法律保护自己的权益带来的结果。

杭集镇是全国闻名的"牙刷之乡"，经过多年的发展壮大，目前全镇拥有1600多家生产牙刷及配套产品的企业。而到目前为止，杭集拥有牙刷生产及相关配套企业1600多家。一支牙刷打天下，畅销世界。一支小小牙刷还敲开了诸如迪拜七星级酒店的大门，出口的牙刷占据了该品类出口份额的90%。全球80多个国家和地区都有杭集牙刷的"身影"。杭集"牙刷"约占全镇工业产值的40%，国内市场占有率80%以上，国际市场占有率30%以上，占中国牙刷总出口量的90%左右。

在发展牙刷产业的过程中，杭集人发现，高露洁公司的牙刷一支赚3～5元钱，而杭集众多私营企业生产的牙刷平均利润只有 5 分钱。经过反复思考,他们认识到,与跨国公司的差距关键在杭集牙刷缺少优秀设计与自主知识产权。

于是,1992 年创立的三笑集团率先打出了自己的商标。1999 年,高露洁公司与三笑集团合资,用 2100 万美元买下了"三笑"商标。这一天价让杭集的牙刷生产企业深深地感到了商标的重要性,它们开始纷纷注册自己的商标。五爱公司一直为外贸公司定牌加工,没有自己的商标。1999 年后,五爱打出自己的商标"五爱",用于内销,产品利润迅速提高 2~3 倍,尝到了自有商标的甜头。明星、劲松、新大生等企业也争相创立自己的商标。目前,杭集镇牙刷企业已拥有 420 个牙刷商标,"五爱""晨洁""倍加洁""美可"等品牌已成为国内外知名品牌。图 8-24 所示为三笑牙刷。

图 8-24 三笑牙刷

与此同时,杭集牙刷协会引导牙刷企业积极申请专利,用知识产权保护自己,冲破国外企业设置的牙刷外观设计专利壁垒。五爱刷业公司从 2002 年开始申请专利,目前,该公司已拥有中国专利 180 多项,牙刷专利产品年产值近亿元。该公司设计、生产的专利产品带刮舌板的牙刷,受到了老年消费者的欢迎。带吸盘可站立的牙刷则解决了长期使用刷头易产生细菌的问题。扬州牙刷实业公司开发的专利产品音乐牙刷,只要刷牙姿势正确,就能发出美妙动听的音乐,能帮助儿童掌握正确的刷牙方法,受到消费者的欢迎,产品供不应求。这种牙刷只是在刷柄上加了一块音乐芯片,每支就卖到 20 多元,是普通牙刷价格的 10 倍。

由于拥有一大批知名商标和专利设计,杭集镇的牙刷行业发展迅猛,产品远销全国各地和世界 50 多个国家和地区。据中国轻工总会提供的资料显示,杭集牙刷产销量占全国的 80%、全球的 22%,被中国轻工总会和中国日用工业品协会授予"中国牙刷之都"的称号。

2. 身陷专利纠纷,英特尔采取的专利策略

1) 2.25 亿美元与 Intergraph 达成和解

2001 年,美国 Intergraph 公司指控英特尔公司的安腾芯片技术侵犯了该公司 Clipper 处理器的专利权。得克萨斯州的一家法院在 2002 年年底作出了有利于 Intergraph 公司的裁决。

因为产品线的关系,这场官司还牵涉其他 IT 公司。Intergraph 公司还一直起诉戴尔,为此,戴尔表示,它和英特尔签订有补偿协议,英特尔有义务就戴尔的专利官司买单。于是,英特尔只能以 2.25 亿美元和 Intergraph 和解。

第 8 章　工业设计知识产权管理与策略

这也是英特尔与 Intergraph 的第三份和解，早在 1997 年，英特尔就因一起围绕奔腾处理器的类似案件，以 3 亿美元与 Intergraph 和解。

而 Intergraph 的 CEO 则将与英特尔的和解称为"Intergraph 公司知识产权许可和诉讼策略有效性"的一个典范。[①]

2) 交换授权，起诉威盛以和告终

英特尔在 2001 年 9 月对威盛公司提起诉讼，指控其处理器及芯片组产品侵犯英特尔的专利权。而威盛随即提出反诉，指控英特尔的处理器产品侵犯威盛的专利。

最终，双方宣布和解，根据达成的协议，双方除撤回诉讼外，还将签订交换授权协定。

业界认为，英特尔此次开出的授权条件极为优厚，远超过以往的强硬作风，可能是其自认为起诉威盛胜诉的概率不大，而且一旦败诉，更可能直接影响英特尔的 CPU 核心专利。因此，英特尔通过和解及交换授权策略，以获得更多的回旋余地。图 8-25 所示为英特尔公司办公大楼。

图 8-25　英特尔公司办公大楼

3) 英特尔的反颠覆策略

从英特尔所处的纠纷来看，许多大公司都面临竞争对手的破坏性创新，而且往往由于对手众多，想从中分辨出真正的威胁者并非易事，英特尔就数次遭到这样的打击。

为了不被后来者从专利角度加以颠覆，英特尔提出以"反颠覆"来阻止破坏性创新的威胁。其策略包括：将市场细分，并彻底覆盖整个市场；在低端市场，降低价格；在高端市场，力争在性能上处于领导地位；不断完善专利体系结构，新产品系列均保持后向兼容性，并不断申请专利，形成技术壁垒。

本 章 小 结

本章主要介绍了工业设计知识产权管理与策略，包括工业设计知识产权管理的重要意义、工业设计知识产权管理概述、工业设计与专利策略、企业商标策略以及企业专利、商标策略实例等内容。

---

① 资料来源：西安电子科技大学新闻网.英特尔安腾芯片被诉侵权 被迫支付 2.25 亿美元[EB/OL].(2004-04-01)[2025-04-18].https://news.xidian.edu.cn/info/1012/22027.htm.

思考练习题

1. 什么是工业设计知识产权管理?
2. 什么是联合商标?
3. 什么是防御商标?
4. 列举10个以上的具体专利策略模式,并作出简单解释。
5. 简述企业商标的设计策略。

第 9 章

工程设计法规概述

设计师职业法规与道德

本章导读

所谓工程，就是应用科学知识和技术手段操作实际系统工程的艺术或技术。

工业设计的主要任务是产品造型设计。那么，产品造型设计与工程设计的区别在哪里呢？前者是对用手工或机器所生产的实用产品进行造型设计，将无形的技术转化成真实存在的物品，是为了满足人们对物的使用和适用，而后者则要求其设计的造型能够满足在机械性能基础上的机械结构之间的关系，实现的是物与物之间的关系。

工程设计与建设法规涉及的范围十分广泛，从直接管理内容来看，涉及城市规划、建筑工程、市政工程、村镇建设、风景名胜管理规划、房地产开发等多个领域。从相关事业活动来看，也涉及经济合同、招标投标、产品质量、环境保护、文物保护、设计技术标准等多个方面。

工程设计是工程建设的首要环节，是整个工程的灵魂。它是对建设工程在技术和经济上进行全面安排与规划的过程，是指根据建设工程的要求，对建设工程所需的技术、经济、资源、环境等条件进行综合分析、论证，编制建设工程设计文件的活动，包括对工程项目进行综合性设计，以及提供设计文件和图纸等。工程设计法规则是指调整工程设计活动中所产生的各种社会关系的法律规范的总称。

9.1 工程设计的原则

工程设计的原则

根据《建设工程勘察设计管理条例》(建设部 2000 年)、《基本建设设计工作管理暂行办法》(国家计委 1983 年)等法规的规定，为保证工程设计的质量和水平，工程设计必须遵循以下主要原则。

(1) 要遵守国家的法律、法规，贯彻执行国家经济建设的方针、政策和基本建设程序，特别应贯彻执行提高经济效益和促进技术进步的方针。

(2) 工程设计应当与社会、经济发展水平相适应，做到经济效益、社会效益和环境效益相统一。

(3) 综合利用资源，积极改进工艺，采取行之有效的技术措施，使设计符合国家环保标准。

(4) 必须严格遵守工程建设技术标准。

(5) 设计活动中鼓励采用先进技术、先进工艺、先进设备、新型材料和现代管理方法，以保证工程的先进性和可靠性。

(6) 要根据国家有关规定和工程的不同性质、不同要求，从中国实际情况出发，合理确定设计标准。对生产工艺、主要设备和主体工程要做到先进、适用、可靠。对非生产性的建设，应坚持适用、经济，并在可能的条件下注意美观的原则。

(7) 要注意专业化和协作。建设项目应根据专业化和协作的原则进行建设，其辅助生产设施、公用设施、运输设施以及生活福利设施等，都应尽可能同邻近有关单位密切协作。

(8) 要保护环境，应改进工艺和设备，使设计符合国家规定的标准。

(9) 要立足于自力更生，凡能自行设计或合作设计的，就不要委托或单独依靠国外设计。

9.2 设计阶段和内容

1. 设计工作程序与阶段

根据《基本建设设计工作管理暂行办法》(国家计委 1983 年)的规定，设计工作程序包括参加建设项目的决策、编制各个阶段设计文件、配合施工和参加验收、进行总结。

设计阶段可根据建设项目的复杂程度而定，即建设项目一般按初步设计、施工图设计两个阶段进行。技术上复杂的建设项目，根据主管部门的要求，可按初步设计、技术设计和施工图设计三个阶段进行。小型建设项目中技术简单的，经主管部门同意，在简化的初步设计确定后，就可做施工图设计。对有些牵涉面广的大型矿区、油田、林区、垦区和联合企业等建设项目，存在总体开发部署等重大问题的，在进行一般设计前还应进行总体规划设计或总体设计。

2. 各设计阶段的内容与深度

1) 总体设计

总体设计一般由文字说明和图纸两部分组成。其内容包括：建设规模、产品方案、原料来源、工艺流程、主要设备配备、主要建筑物及构筑物、公用和辅助工程、"三废"治理及环境保护方案、占地面积估计、总图布置及运输方案、生活区规划、生产组织和劳动定员估计、工程进度和配合要求、投资估算等。

总体设计的深度应满足开展后续工作的要求。

2) 初步设计

初步设计一般应包括以下文字说明和图纸：设计依据、设计指导思想、产品方案、各类资源的用量和来源、工艺流程、主要设备选型及配置、总图运输、主要建筑物和构筑物、公用及辅助设施、新技术采用情况、主要材料用量、外部协作条件、占地面积和土地利用情况、综合利用和"三废"治理、生活区建设、抗震和人防措施、生产组织和劳动定员、各项技术经济指标、建设顺序和期限、工程设计概算等。

根据《基本建设设计工作管理暂行办法》及有关法规的规定，初步设计文件，应根据批准的可行性研究报告、设计任务书和可靠的设计基础资料进行编制，工程设计概算必须根据初步设计图纸、概算定额或概算指标、材料价格、费用定额和有关规定进行。

初步设计的深度应满足以下要求：设计方案的确定、主要设备和材料的订货、基建投资的控制、施工图设计的编制、施工准备和生产准备等。

3) 技术设计

技术设计文件，应根据批准的初步设计文件进行编制，其深度应能满足确定设计方案中重大技术问题等方面的要求。技术设计和修正总概算经批准后，是建设工程拨款和编制施工图设计文件等的依据。

4) 施工图设计

施工图设计文件，应根据批准的初步设计文件(或技术设计文件)和主要设备订货情况进行编制，并据以指导施工。其深度应能满足以下要求：设备、材料的安排，非标准设备的制作，施工要求。施工图应该配套，细部节点应交代清楚，标注说明应清晰完整等。施工图预算经审定后，即作为预算包干、工程结算等的依据。

9.3 设计文件的审批与修改

1. 设计文件的审批

施工图设计文件审查机构审查的重点是对施工图设计文件中涉及安全、公众利益和强制性标准、规范的内容进行审查。建设行政主管部门可结合施工图设计文件报审这一环节，加强对该项目设计单位资质和个人的执业资格情况、设计合同及其他涉及设计市场管理等内容的监督管理。

施工图设计文件中除涉及安全、公众利益和强制性标准、规范的内容外，其他有关涉及经济、技术合理性和设计优化等方面的问题，可以由建设单位通过方案竞选或设计咨询的途径加以解决。

在中国，建设项目设计文件的审批实行分级管理、分级审批的原则。《基本建设设计工作管理暂行办法》对设计文件具体审批权限规定如下。

(1) 大中型建设项目的初步设计和总概算及技术设计，按隶属关系，由国务院主管部门或省、自治区、直辖市审批。

(2) 小型建设项目初步设计的审批权限，由主管部门或省、直辖市、自治区自行规定。

(3) 总体规划设计(或总体设计)的审批权限与初步设计的审批权限相同。

(4) 各部直接代管的下放项目的初步设计，以国务院主管部门为主，会同有关省、直辖市、自治区审查或批准。

(5) 施工图设计除主管部门规定外，一般不再审批，设计单位要对施工图的质量负责，并向生产施工单位进行技术交底，听取意见。

2. 设计文件的修改

设计文件是工程项目建设的主要依据，经批准后，就具有一定的严肃性，不得任意修改和变更，如必须修改，则需经有关部门批准，其批准权限，视修改的内容所涉及的范围而定。根据《基本建设设计工作管理暂行办法》，修改设计文件应遵守以下规定。

(1) 设计文件是工程建设的主要依据，经批准后不得任意修改。

(2) 凡涉及可行性研究报告的主要内容，如建设规模、产品方案、建设地点、主要协作关系等方面的修改，需经原计划任务书审批机关批准。

(3) 凡涉及初步设计的主要内容，如总平面布置、主要工艺流程、主要设备、建筑面积、建筑标准、总定员、总概算等方面的修改，需经原设计审批机关批准。修改工作需由原设计单位负责进行。

(4) 施工图的修改，需经原设计单位同意。

9.4 中外合作设计

自改革开放以来,中外合作设计的项目越来越多,而加入世贸组织后,中国工程建设领域更加开放。加强外国设计机构在中国的设计活动及中外合作设计活动的管理,已成为中国有关部门面临的重要问题之一,今后势必也要加强这方面的立法。

1. 中外合作设计工程项目的范围

中国投资或中外合资、外国贷款工程项目的设计,需要委托外国设计机构承担时,应有中国设计机构参加,进行合作设计。

中国投资的工程项目,中国设计机构能够设计的,不得委托外国设计机构承担设计,但可以引进与工程有关的部分设计技术或向外国设计机构进行技术经济咨询。

外国在中国境内投资的工程项目,原则上也应由中国设计机构承担设计。如果投资方要求由外国设计机构承担设计,应有中国设计机构参加,进行合作设计。

《建设工程勘察设计市场管理规定》(1999)第 22 条规定外国勘察设计单位及其在中国境内的办事机构,不得单独承接中国境内建设项目的勘察设计业务。承接中国境内建设项目的勘察设计业务,必须与中方勘察设计单位进行合作勘察或设计,也可以成立合营单位,领取相应的勘察设计资质证书,按国家有关中外合作、合营勘察设计单位的管理规定和本规定开展勘察设计业务活动。

2. 外国设计机构的资格审查

外国设计机构的设计资格经审查合格者,方可承担中国工程项目的设计任务。外国设计机构的资格是否合格,由设计项目的主管部门进行审查。

审查设计资格是否合格的主要内容包括:外国设计机构所在国或地区出具的设计资格注册证书;技术水平、技术力量和技术装备状况;承担设计的资历和经营管理状况;社会信誉。

3. 中外合作设计的合同管理

合作设计双方必须签订合作设计合同,明确双方的权利和义务。合作设计合同应包括以下内容。

(1) 合作设计双方的名称、国籍、主要营业场所以及法定代表人的姓名、职务、国籍、住所。

(2) 合作的形式、目的、范围和期限。

(3) 对设计内容、深度、质量和工作进度的要求。

(4) 合作设计双方收费的货币构成、分配方法和分配比例。

(5) 合作设计双方工作人员的联系方式。

(6) 违反合同的责任。

(7) 对合同发生争议的解决方法。

(8) 合同生效的条件。

(9) 合同签订的日期、地点。

在签订合作合同时，被选定为合作设计的主设计方应与项目委托方签订设计承包合同。

4．中外合作设计的其他管理

合作设计可以包括从工程项目的调研、勘察到工程设计的全过程，也可以选择其中一个阶段进行合作。

合作设计应采用先进的、适用的标准规范，合作设计双方应互相提供拟采用的范本。

合作设计双方要进行设计文件会审，并对设计质量负责。合作设计双方按合同完成设计后，送项目委托方审查认可。

在合作设计的过程中，合作设计双方应按合同要求严格履行自己的义务，如未达到合同要求的，应按合同规定承担责任。

合作设计双方设计所得收入，应按中国有关税法的相关规定纳税。

9.5 工程质量中设计单位所要承担的责任与义务

建设工程质量有广义和狭义之分。从狭义上说，建设工程质量是指在国家现行的有关法律、法规、技术标准、设计文件和合同中，对工程的适用、经济、美观、安装等特性的综合要求；广义上的则还包括工程参与者的服务质量和工作质量。加强建设工程质量的管理，是一个十分重要的问题，为此设计单位也要承担一定的责任和义务。

1．遵守职业资质等级制度的责任

职业资质制度，是指依法取得相应资格的单位，才允许在法律规定的范围内从事一定建筑活动的制度。凡从事工程设计的单位，都必须经有关部门对其人员素质、管理水平、注册资金、业务能力、设计业绩等进行审查，根据工程设计资格的行业分级标准，确定其资质等级和承担任务的范围，并发给相应的资质证书。

中国的工程设计资格分为甲、乙、丙、丁四级，不同级别的单位承担任务的范围也不相同。例如，持有甲级证书的单位，可以在全国范围内承担大、中、小型工程项目的设计任务。持有乙级证书的单位，可以在本省、自治区、直辖市范围内承担中、小型工程项目的设计任务。设计单位必须在其资质等级允许的范围内承揽工程设计任务，不得擅自超越资质等级或以其他设计单位的名义承揽工程。

2．实施工程标准设计

标准是指对重复性事物和概念所作出的统一性规定。它以科学技术和实践经验的综合成果为基础，经有关方面协商一致，由主管机构批准，以特定形式发布，作为共同遵守的准则和依据，以获得最佳秩序和社会效益。

工程建设标准设计，是工程建设标准的组成部分，是指对各类建设工程的设计中需要协调统一的事项所制定的标准。制定和实施先进的标准设计，对保证和提高工程质量将起到重要作用。

按执行效力，工程设计标准可分为强制性设计标准和推荐性设计标准。按照国家有关规定，前者一经颁发，就是技术法规，在一切工程设计工作中都必须执行；后者一经颁发，设计单位要因地制宜地积极采用，凡无特殊理由的不得另行设计。

例如，GB/T 19001-ISO 9001 质量保证标准，阐述了从产品设计、产品生产到售后服务全过程的质量要求。该标准只是推荐性标准。但它一旦被法规或合同确定采用后，就是强制性标准。

3．建立质量保证体系的责任

《中华人民共和国建筑法》第五十三条规定，国家对从事建筑活动的单位推行质量体系认证制度。设计单位应建立健全质量保证体系，加强设计过程的质量监控，并对其设计的质量负责。设计单位应建立健全设计文件的审核会签制度。注册建筑师、注册结构工程师等注册执业人员应当在设计文件上签字，对设计文件负责。因设计质量造成的经济损失，由建筑设计单位承担赔偿责任，建筑设计单位有权向签字的注册建筑师追偿。因建筑设计质量不合格发生重大责任事故、造成重大损失的，对该建筑设计负有直接责任的注册建筑师，由县级以上人民政府建筑行政主管部门责令停止执行业务；情节严重的，由全国注册建筑师管理委员会或者省、自治区、直辖市注册建筑师管理委员会吊销注册建筑师证书。

4．技术交底和事故处理责任

设计单位应积极配合施工，负责交代设计意图，解释设计文件，及时解决施工中设计文件出现的问题。对大中型建设工程、超高层建筑以及采用新技术、新结构的工程，设计单位还应向施工现场派驻设计代表，并参加隐蔽工程验收。当设计的工程发生质量事故时，设计单位应参与质量事故分析，并对因设计造成的质量事故提出相应的技术处理方案。

设计单位应对设计文件的质量负责。有关质量管理与处罚内容详见《建筑法》等有关法规。

9.6　工程设计市场管理

根据《建筑工程勘察设计市场管理规定》，设计市场活动，是指从事勘察设计业务的委托、承接及相关服务的行为。

1．设计市场活动的原则

根据《建筑工程勘察设计市场管理规定》中总则的规定，设计市场活动的原则主要包括以下几方面。

(1) 国家对设计市场实行从业单位资质、个人执业资格准入管理制度。

(2) 从事设计市场活动，应当遵循公开、公正、平等竞争的原则，禁止任何单位和个人以任何理由分割、封锁、垄断设计市场。

(3) 从事设计业务应当遵守国家有关法律、法规，必须符合工程建设强制性标准。坚持先勘察后设计，先设计后施工的程序，保证建设工程的勘察设计质量。未经原勘察设计单位同意，任何单位和个人不得擅自修改勘察设计文件。

(4) 任何单位和个人对设计市场活动及其管理工作中违反法律、法规和工程建筑强制性标准的行为都有权向建设行政主管部门或者其他有关部门进行检举、控告和投诉。

(5) 国务院建设行政主管部门负责全国设计市场管理工作。县级以上地方人民政府建筑行政主管部门负责本行政区域内设计市场管理工作。

2．设计业务的委托

根据《建设工程勘察设计市场管理规定》，建设工程项目的委托方应当将工程设计业务委托给具有相应工程设计资质证书且与其证书规定的业务范围相符的承接方。委托工程设计业务的建设工程项目应当具备以下条件。

(1) 建设工程项目可行性研究报告或项目建议已获批准。

(2) 已经办理了建设用地规划许可证等手续。

(3) 法律、法规规定的其他条件。

工程设计业务的委托可以通过竞选委托或直接委托的方式进行。竞选委托可以采取公开竞选或邀请竞选的形式。建设项目总承包业务或专业性工程也可以通过招标的方式进行。

委托方原则上应将整个建设工程项目的设计业务委托给一个承接方，也可以在保证整个建设项目完整性和统一性的前提下，将设计业务按技术要求，分别委托给几个承接方。委托方将整个建设工程项目的设计业务分别委托给几个承接方时，必须选定其中一个承接方作为主体承接方，负责对整个建设工程项目设计的总体进行协调。承接部分设计业务的承接方直接对委托方负责，并应当接受主体承接方的指导与协调。

委托方在委托业务中不得有下列行为。

(1) 收受贿赂、索取回扣或者其他好处。

(2) 指使承接方不按法律、法规、工程建设强制性标准和设计程序进行勘察设计。

(3) 不执行国家的勘察设计收费规定，以低于国家规定的最低收费标准支付勘察设计费或不按合同约定支付勘察设计费。

(4) 剽窃、抄袭、非法出售和转让设计单位的专有技术、设计文件。

(5) 未经承接方许可，擅自修改勘察设计文件，或将承接方专有技术和设计文件用于本工程以外的其他工程。

(6) 法律、法规禁止的其他行为。

3．设计业务的承接

根据《建设工程勘察设计市场管理规定》，承接方必须持有由建设行政主管部门颁发的工程勘察资质证书或工程设计资质证书，在证书规定的业务范围内承接勘察设计业务，并对其提供的勘察设计文件的质量负责。严禁无证或超越本单位资质等级的单位和个人承接勘察设计业务。

其中，具有乙级及以上勘察设计资质的承接方可以在全国范围内承接勘察设计业务。在异地承接勘察设计业务时，须到项目所在地的建设行政主管部门备案。

承接方在承接业务中不得有下列行为。

(1) 不执行国家的勘察设计收费规定，以低于国家规定的最低收费标准进行不正当竞争。

(2) 采用行贿、提供回扣或给予其他好处等手段进行不正当竞争。

(3) 不按规定程序修改、变更勘察设计文件。

(4) 使用或推荐使用不符合质量标准的材料或设备。

(5) 未经委托方同意，擅自将勘察设计业务委托给第三方，或者擅自向第三方扩散、转让委托方提交的产品图纸等技术经济资料。

(6) 法律、法规禁止的其他行为。

4．设计业务的合同

工程设计业务的委托方与承接方必须依法签订合同，明确双方的权利和义务。委托方和承接方应全面履行合同约定的义务。不按合同约定履行义务的，依法承担违约责任。

设计费用应当依据国家的有关规定由委托方和承接方在合同中约定。合同双方不得违反国家有关最低收费标准的规定，任意压低设计费用。委托方应当按照合同约定，及时拨付设计费。

签订设计合同的双方，须将合同文本送交项目所在地的县级以上人民政府建设行政主管部门或其委托机构备案。

9.7　工程设计与文物保护

根据《中华人民共和国文物保护法》第一章第二条的规定，下列具有历史、艺术、科学价值的文物，受国家保护。

(1) 具有历史、艺术、科学价值的古文化遗址、古墓葬、古建筑、石窟寺和石刻。

(2) 与重大历史事件、革命运动和著名人物有关的，具有重要纪念意义、教育意义和史料价值的建筑物、遗址、纪念物。

(3) 历史上各时代珍贵的艺术品、工艺美术品。

(4) 重要的革命文献资料以及具有历史、艺术、科学价值的手稿、古旧图书资料等。

(5) 反映历史上各时代、各民族社会制度、社会生产、社会生活的代表性实物。

因此，当工程建设活动有可能涉及建筑类文物的保护问题时，工程设计还要注意遵守文物保护法的有关规定。

(1) 在文物保护单位的保护范围内不得进行其他建设工程。如有特殊需要，经核定公布该文物保护单位的人民政府批准。在全国重点文物保护单位范围内进行其他建设工程，必须经省、自治区、直辖市人民政府和国家文化行政管理部门同意。

(2) 根据保护文物的实际需要，经省、自治区、直辖市人民政府批准，可以在文物保护单位的周围划出一定的建设控制地带。在这个地带内修建新建筑和构筑物，不得破坏文物保护单位的环境与历史风貌。其设计方案须征得文物行政管理部门同意后，报城乡规划部门批准。

(3) 建设单位在进行选址和工程设计的时候,因建设工程涉及文物保护单位的,应当事先会同省、自治区、直辖市或者县、自治县、市文化行政管理部门确定保护措施,列入设计任务书。因建设工程特别需要而必须对文物保护单位进行迁移或者拆除的,应根据文物保护单位的级别,经该级人民政府和上一级文化行政管理部门同意。全国重点文物保护单位的迁移或者拆除,由省、自治区、直辖市人民政府报国务院决定。迁移、拆除所需费用和劳动力由建设单位列入投资计划和劳动计划。

本 章 小 结

本章学习的内容是工业设计法规,主要介绍了工程设计的原则、设计阶段和内容、设计文件的审批与修改、中外合资设计、工程设计单位的质量责任与义务、工程设计市场管理以及工程设计与文物保护。

思考练习题

1. 工程设计有哪些原则?
2. 工程设计包括哪些阶段?

第 10 章

工程建设程序法规

设计师职业法规与道德

> **本章导读**

工程建设是指土木建筑工程、线路管道和设备安装工程、建筑装修装饰工程等工程项目及其他建设工作的总称。

由于工程建设项目与设计规划行为是紧密相连的，以及工程建设活动在国民经济中的重要地位，制定和实施工程设计与建设法规，加强工程项目管理，是必不可少的，也是设计师应该了解的。

工程建设是社会化生产，它有着产品体积庞大、建造场所固定、建设周期长、占用资源多的特点，存在着一个分阶段、按步骤、各项工作按序进行的客观规律。工程建设程序就是在认识工程建设客观规律基础上总结提出的，工程建设全过程中各项工作都必须遵守的先后次序，也是工程建设各个环节相互衔接的顺序。

这种程序是不可违反的，如人为将工程建设的顺序颠倒，就会造成严重的资源浪费和经济损失。所以，世界各国对这一顺序都十分重视，都对其进行了认真探索研究，不少国家还将研究成果以法律的形式固定下来，强迫人们在从事工程建设活动时遵守，中国也制定了不少有关工程建设程序方面的法规，例如《工程建设项目实施阶段程序管理暂行规定》等。

《建设工程勘察设计管理条例》第22条规定："建设工程勘察、设计的发包方与承包方，应当执行国家规定的建设工程勘察、设计程序。"

10.1 工程建设程序阶段的划分

依据中国建设部1995年颁布的《工程建设项目实施阶段程序管理暂行规定》，工程建设项目实施阶段程序，是指土木建筑工程，线路、管道及设备安装工程，建筑装修装饰工程等新建、扩建、改建活动的施工准备阶段、施工阶段、竣工阶段应遵循的有关工作步骤。

中国工程建设程序如图10-1所示。

从图10-1可知，中国工程建设程序共分五个阶段，每个阶段又包含若干环节。各阶段、各环节的工作应按规定顺序进行。当然，工程项目的性质不同、规模不一，同一阶段内各环节的工作会有一些交叉，有些环节还可省略，在具体执行时，可根据本行业、本项目的特点，在遵守工程建设程序的大前提下，灵活地开展各项工作。

第10章　工程建设程序法规

```
                            ┌─ 投资意向
                            ├─ 投资机会分析
          工程建设前期阶段（决策阶段）─┼─ 项目建议书
                            ├─ 可行性研究
                            └─ 审批立项

                            ┌─ 规划
                            ├─ 获取土地使用权
          工程建设准备阶段 ──────┼─ 拆迁
                            ├─ 报建
                            └─ 工程发包与承包

                            ┌─ 勘察设计
                            ├─ 设计文件审批
          工程建设实施阶段 ──────┼─ 施工准备
                            ├─ 工程施工
                            └─ 生产准备

          工程验收与保修阶段 ────┬─ 竣工验收
                            └─ 工程保修

          终结阶段 ──────────┬─ 生产运营
                            └─ 投资后评价
```

图 10-1　中国工程建设程序

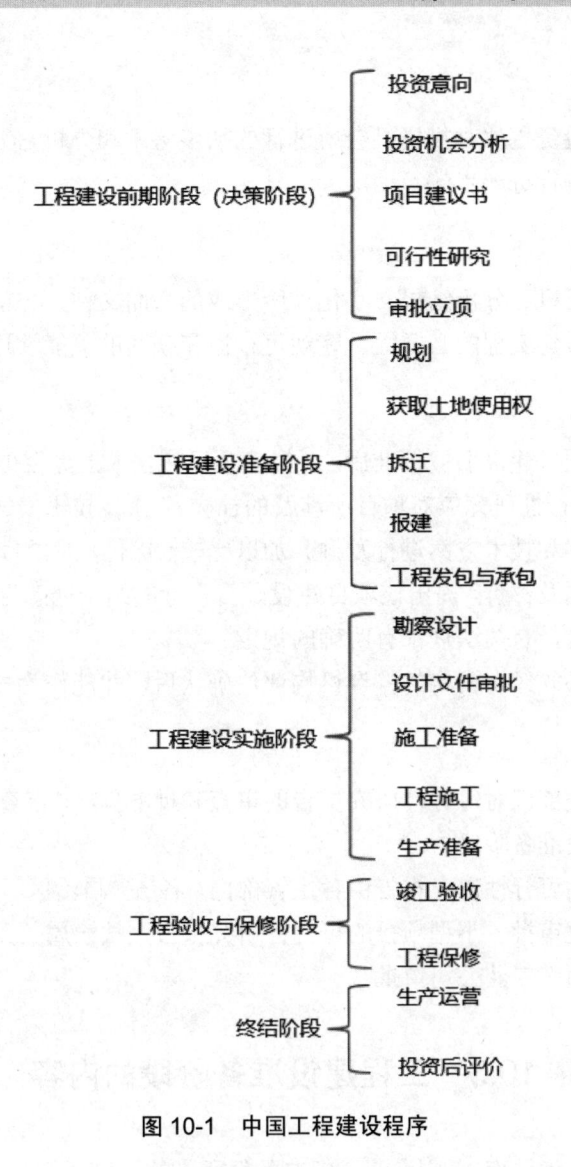

10.2　工程建设前期阶段的内容

工程建设前期阶段即决策阶段，这一阶段主要是对工程项目投资的合理性进行考察和对工程项目进行选择。这个阶段包含投资意向、投资机会分析、项目建议书、可行性研究、审批立项几个环节。

1．投资意向

投资意向是指投资主体发现社会存在合适的投资机会所产生的投资愿望。它是工程建设活动的起点，也是工程建设得以进行的必备条件。

2. 投资机会分析

投资机会分析是投资主体对投资机会所进行的初步考察和分析，在认为机会合适，有良好的预后效益时，则可进行进一步的行动。

3. 项目建议书

项目建议书是投资机会分析结果文字化后所形成的书面文件，以方便投资决策者分析、抉择。项目建议书应对拟建工程的必要性、客观可行性和获利的可能性逐一进行论述。

4. 可行性研究

可行性研究是指项目建议书被批准后，对拟建项目在技术上是否可行、经济上是否合理等所进行的分析论证。可行性研究应对项目所涉及的社会、经济、技术问题进行深入的调查研究，对各种各样的建设方案和技术方案进行发掘并加以比较、优化，对项目建成后的经济效益、社会效益进行科学的预测及评价，提出该项目建设是否可行的结论性意见。对可行性研究的具体内容和所应达到的深度，有关法规都有明确的规定。

可行性研究报告必须经有资格的咨询机构评估确认后，才能作为投资决策的依据。

5. 审批立项

审批立项是指有关部门对可行性研究报告的审查和批准程序，审查通过后即予以立项，正式进入工程项目的建设准备阶段。

大中型建设项目的可行性研究报告由各主管部门，各省、自治区、直辖市或全国性工业公司负责预审，报国务院审批。小型项目的可行性研究报告，按隶属关系由各主管部门，各省、自治区、直辖市或全国性专业公司审批。

10.3 工程建设准备阶段的内容

工程建设准备是指为勘察、设计、施工创造条件所作的建设现场、建设队伍、建设设备等方面的准备工作。这一阶段包括规划、获取土地使用权、拆迁、报建、工程发包与承包等主要环节。

1. 规划

在规划区内建设的工程，必须符合城市规划或村庄、集镇规划的要求。其工程的选址和布局，必须取得城市规划行政主管部门或村、镇规划主管部门的同意、批准。在城市规划区内进行工程建设的，要依法先后领取城市规划行政主管部门核发的《选址意见书》《建设用地规划许可证》《建设工程规划许可证》，才能获取土地使用权，并进行设计、施工等相关建设活动。

2. 获取土地使用权

《中华人民共和国土地管理法》第五十四条规定，工程建设用地都必须通过国家对土地使用权的出让或划拨而取得。通过国家出让而取得土地使用权的,应向国家支付出让金,并与市、县人民政府土地管理部门签订书面出让合同,然后按合同规定的年限与要求进行工程建设。

3. 拆迁

在城市进行工程建设,一般都要对建设用地上的原有房屋和附属物进行拆迁。国务院颁发的《城市房屋拆迁管理条例》规定,任何单位和个人需要拆迁房屋的,都必须持国家规定的批准文件、拆迁计划和拆迁方案,向县级以上人民政府房屋拆迁主管部门提出申请,经批准并取得房屋拆迁许可证后,方可拆迁。拆迁人和被拆迁人应签订书面协议,被拆迁人必须服从城市建设的需要,在规定的搬迁期限内完成搬迁,拆迁人对被拆迁人依法给予补偿,并对被拆迁房屋的使用人进行安置。

4. 报建

建设项目被批准立项后,建设单位或其代理机构必须持工程项目立项批准文件、银行出具的资信证明、建设用地的批准文件等资料,向当地建设行政主管部门或其授权机构进行报建。凡未报建的工程项目,不得办理招标手续和发放施工许可证,设计、施工单位不得承接该项目的设计、施工任务。

5. 工程发包与承包

建设单位或其代理机构在上述准备工作完成后,需对拟建工程进行发包。工程发包与承包,是指发包方通过合同委托承包方为其完成某一工程的全部或其中一部分工作的交易行为。发包方一般为建设单位,承包方一般为设计单位、施工单位、工程设备供应或制造单位等。发包方与承包方的权利、义务关系都由双方签订的合同加以规定。

《中华人民共和国建筑法》第三章第十九条规定,建设工程发包与承包有两种方式:招标投标和直接发包。招标投标是指,发包方事先标明其拟建工程的内容和要求,由愿意承包的单位递送标书,明确其承包工程的价格、工期、质量等条件,再由发包方从中择优选择承包方的交易方式。根据《国家基本建设大中型项目实行招标投标的暂行规定》,逐级项目招标可采用公开招标、邀请招标和议标方式进行。直接发包是指,发包方与承包方直接进行协商,约定工程的价格、工期和其他条件的交易方式。《建设工程勘察设计管理条例》第十六条规定,下列建设工程的勘察设计,经有关主管部门批准,可以直接发包。

(1) 采用特定的专利或专有技术的。
(2) 建筑艺术造型是有特殊要求的。
(3) 国务院规定的其他建设工程的勘察设计。

为鼓励公平竞争,建立公正的竞争秩序,国家提倡招标、投标方式,并对许多工程强制进行招标、投标。招标、投标是中国目前实现工程承发包关系的主要途径。

10.4 工程建设实施阶段的内容

工程建设实施阶段包含勘察设计、施工准备、工程施工和生产准备几个环节。

1．勘察设计

工程勘察，是指为满足工程建设的规划、设计、施工、运营及综合治理等方面的需要，对地形、地质、水文条件等自然状况进行测绘、观察、分析研究和综合评价的工作。

工程设计，是指运用工程技术理论及技术经济方法，按照现行的技术标准，对新建、扩建、改建项目的工艺、土建、公用工程、环境工程等进行综合性设计及技术经济分析，并提供作为建设依据的设计文件和图纸的活动。它是整个工程建设的主导环节，对工程的质量和效益起着至关重要的作用。

设计与勘察是密不可分的，设计必须在进行工程勘察时，取得足够的地质、水文等基础资料之后才能进行。另外，勘察工作也服务于工程建设的全过程，在工程选址、可行性研究、工程施工等各阶段，也必须进行必要的勘察。

2．施工准备

施工准备阶段分为工程建设项目报建、委托建设监理、招标投标、施工合同签订。施工阶段分为建设工程施工许可证领取、施工。竣工阶段分为竣工验收及期内保修。

施工准备包括施工单位在技术、物资方面的准备。施工单位在接到施工图后，必须做好细致的施工准备工作，以确保工程顺利进行。它包括熟悉、审查图纸，下达施工任务书，准备工程施工所需的设备、材料等活动。

3．工程施工

工程施工是具体地配置各种施工要素，将设计物化为建筑产品的过程。其管理水平的高低、工作质量的好坏对项目的质量和所产生的效益起着十分重要的作用。

工程施工管理具体包括施工调度、施工安全、文明施工、环境保护等几方面内容。

4．生产准备

生产准备是指工程施工临近结束时，为保证建设项目能及时投产使用所进行的准备活动。如招收和培训必要的生产人员，组织人员参加设备安装调试和工程验收，组建生产管理机构，制定规章制度，收集生产技术资料和样品，落实原材料、燃料、水、电的来源及其他配套条件等。

10.5 工程验收与保修阶段的内容

工程验收与保修阶段主要包含竣工验收和工程保修两个环节。

1. 竣工验收

中华人民共和国国家计划委员会颁发的《建设项目(工程)竣工验收办法》规定，凡新建、扩建、改建的基本建设项目(工程)和技术改造项目，按批准的设计文件所规定的内容建成，符合验收标准的必须及时组织验收。根据建筑法等相关法规规定，交付竣工验收的工程，必须具备下列条件。

(1) 完成工程设计和合同约定的各项内容。
(2) 有完整的技术档案和施工管理资料。
(3) 有工程使用的主要建筑材料、建筑构配件和设备的进场试验报告。
(4) 有勘察、设计、施工、工程监理等单位分别签署的质量合格文件。
(5) 有施工单位签署的工程保证书。

竣工验收的依据是已批准的可行性研究报告、初步设计或扩大初步设计、施工图和设备技术说明书，以及现行施工技术验收的规范和主管部门(公司)有关审批、修改、调整的文件等。

工程验收合格后，方可交付使用。此时，承发包双方应尽快办理固定资产移交手续和工程结算，将所有的工程款项结算清楚。

2. 工程保修

根据建筑法及相关法规的规定，工程竣工验收交付使用后，在保修期限内，承包单位要对工程中出现的质量缺陷承担保修与赔偿责任。

10.6 终结阶段的投资后评价

建设项目投资后评价是工程竣工投产、生产运营一段时间后，对项目的立项决策、设计施工、竣工投产、生产运营等全过程进行系统评价的一种技术经济活动。它可使投资主体达到总结经验、吸取教训、改进工作，不断提高项目决策水平和投资效益的目的。目前，中国的投资后评价一般分为建设单位的自我评价、项目所属行业主管部门的评价及各级计划部门(或主要投资主体)的评价这三个层次进行。

本 章 小 结

本章学习工程建设程序法规的相关内容，主要包括工程建设程序阶段的划分、工程建设前期阶段的内容、工程建设准备阶段的内容、工程建设实施阶段的内容、工程验收与保修阶段的内容和终结阶段的投资后评价。

思考练习题

1. 工程建设前期阶段包括哪些内容？
2. 工程建设准备阶段包括哪些内容？
3. 工程建设实施阶段包括哪些内容？
4. 工程验收与保修阶段包括哪些内容？

第 11 章

设计师职业道德

设计师职业法规与道德

本章导读

设计师职业道德公约[①]

总则

设计师在遵守我国法律法规的同时,致力于为客户提供专业的设计服务,诚实守信、相互尊重是立足于社会的基石,是设计师与客户、员工与企业、职员与职员之间关系的基本准则。加强设计师职业道德建设,提高设计师职业素质,对弘扬民族精神和时代精神,形成良好的社会道德风尚,促进设计行业的健康发展,具有十分重要的意义。

为促进设计师更好地履行职责,提高设计师的职业素质,保持应有的职业行为规范,在公众中树立良好的职业形象,根据国家法律法规特制定本公约。

第一条 尊重客户,提供优质服务

快速响应客户需求,提供优质服务,依法保护客户的权益和商业机密,尊重客户的自主选择权。保证提供没有任何瑕疵(包括知识产权瑕疵)的作品。

第二条 敬职敬业,提高专业设计能力

发扬爱岗、敬业的精神,树立正确的人生观、价值观。努力提高专业能力,包括论证能力、协调能力、观察能力、理解能力、创新思维能力和表达能力等。提高工作效率,创作优秀的设计作品。

第三条 自觉追求完美,勇于创新

创新是设计的灵魂,也是赢得竞争的关键,在社会环境和市场需求变幻莫测的条件下,更要敢于冲破束缚,勇于探索。设计师必须以认真负责的态度,不断增强职业竞争素质,反对粗制滥造、玩忽职守的行为发生。自觉追求完美,努力实现作品价值的最大化,提供符合客户需求的设计作品。

第四条 尊重同事,团结互助

设计师之间应互相尊重对方人格尊严、宗教信仰和个人隐私,禁止任何形式的骚扰和造成胁迫性或敌对性工作环境的行为,应发扬团队合作精神,树立全局意识,共同创造、共同进步,建立和谐的工作环境。设计师之间应建立平等、团结、友爱、互助的关系,提倡相互学习、相互支持,开展正当的业务竞争。

第五条 与业务伙伴友好合作

本着互惠互利、合作共赢的原则与业务伙伴友好合作、共同发展。在与业务伙伴进行商业交往时,禁止收受其提供的贿赂、回扣或者其他可能影响商业判断的重大利益,尊重业务伙伴企业文化的同时,按照商业礼仪对待业务伙伴及其商业代表。

第六条 遵守纪律,维护集体利益

遵守公司规章制度,服从领导安排,对工作认真负责,不泄露公司商业秘密,自觉维护集

---

① 资料来源:豆丁网. 设计人员设计师职业道德公约参考规范[EB/OL]. (2012-11-02)[2025-04-18]. https://www.docin.com/p-514635300.html.

体利益，个人利益服从集体利益，局部利益服从整体利益。对企业忠诚，反对损公肥私、损人利己，把个人的理想与奋斗融入集体和团队的共同理想和奋斗之中。

第七条 禁止不正当竞争

共同维护市场秩序，抵制不规范、不公平的招标活动。禁止在市场竞争中采取任何违反法律法规的行为，严禁采取不正当手段，人为设置障碍，干扰竞争对手工作。坚决反对恶意攻击、诽谤和不正当竞争的现象发生。

11.1 设计师必须承担的最基本的设计义务和道德责任

1. 设计师承担的设计义务

在日常生活中，任何人都可能设想制作一些比现在使用的物品更实用、更经济、更美观的东西，诸如舒适的住所、便利的交通工具、美丽的城市环境等。但是，一般人由于欠缺设计专业知识和技能，不具备设计创造的必要条件，只能用语言和文字来描述他们的设想，而不能将其视觉化、具体化，至少不能像专业设计师那样成功地做到这一点。

所谓设计师，顾名思义，是指专门从事设计工作的人，是通过教育与经验，拥有设计知识与理解力，以及设计的技能与技巧，而且能成功地完成设计任务，并获得相应报酬的人。设计作品是设计师物质生产与精神生产相结合的一种社会产物。

设计创造是以综合为手段，以创新为目标的一种高级、复杂的脑力劳动过程。作为设计创造的主体的设计师，也必须具备多方面的知识和技能，而且，这些知识与技能跟随时代的发展而发展。

(1) 设计师应具备创新思维能力。作为一名优秀的设计师，必须具有创造性思维，具备创新思维能力尤为重要。从设计的特点来看，设计师的思维过程必然包含了直觉、灵感、意象等的迸发，想象的发挥与模型、图形的构思，结构与外观的幻想，设计产品信息反馈的利用与控制、运筹等，并不断地通过试验，最终完成新设计。

设计的过程意味着探索的过程，探索中充满了思考与创新因素。其实，设计师的设计本身就具有通贯全过程的性质，从设想、计划到产品制作、使用、流通、消费甚至报废，整个过程都需要设计。设计师在设计实践中锻炼，经常有意识地培养或激发自己的创新思维能力以及抓住那一闪而过的灵感思维。所以，设计师的创新思维能力应具有以下几个条件。

① 要有感受性。感受性要求设计师的思想意识积极主动地欢迎这种创新思维意识，并达到主观上的专心致志。此外，设计师还要具备发现正确答案的能力、从错误中获得有益教训的能力，以及要具备一种超然的热忱。

② 思维流畅。思维流畅又叫思想丰富，包括用词、联想、表达、观念等四个方面的思维流畅。

③ 灵活性。灵活性即指摒弃旧思维方法，开创不同方向思维的那种能力。

④ 独创性。独创性指设计作品不寻常的反应以及不落俗套的联想的能力。

⑤ 为事物重新定义。这是指能按新的方式对自己的所见所闻加以重新组织的能力。

⑥ 精益求精。精益求精是指运用两种或更多的技能去构建更复杂的事物的那种能力。

(2) 设计师应具备一定的设计知识技能。设计师必备的技能包括造型基础技能、专业设计技能以及设计相关的理论知识。造型基础技能是通向设计技能的必由之路。它以训练设计师的形态——空间认识能力与表现能力为核心，为培养设计师的设计意识、设计思维乃至设计表达与设计能力奠定基础。它包括手工造型(含设计素描、色彩、速写、构成、制图和材料成形等)、摄影、摄像造型和电脑造型。然而专业设计将视觉传达设计、产品设计、环境设计三大类技能作为对设计师的要求。各专业技能的获得都必须经过对各种材料、工具的熟悉，基本技术、技巧的掌握，再到设计实例中去实践、提高、完善的过程。各专业设计技能虽有差异，但并无绝对的界限，而是相互渗透、相辅相成。设计师应掌握的设计理论知识主要有艺术史论、设计史论和设计方法论等。这些理论知识从各个角度剖析设计、展现设计的发展，是设计师必备的入门指南。

(3) 设计师也应具备自然与社会学科的知识技能。设计师除了掌握设计知识技能外，自然与社会学科知识技能的学习对设计师也是大有裨益的。设计是一门综合性的交叉学科。因此设计的发展需要越来越多的不同学科的支持。当代的设计师，只有掌握好了这门学科，才能更好地"为人的需要"设计。设计往往离不开经济因素，这也要求设计师要具备一定的经济知识，尤其是市场营销知识。设计的最终价值必须通过消费才能实现，设计师应理解消费者的需求，掌握消费者心理，理解消费文化，预测消费趋势，从而使设计适应消费，进而引导消费，实现设计的经济价值与社会价值。虽然不可能要求设计师成为经济专家，但如果没有一定的经济知识，也是很难成为优秀设计师的。

2. 设计师承担的道德责任

一个成熟的设计师必须要有艺术家的素养、工程师的严谨思想、旅行家的丰富阅历和人生经验、经营者的经营理念、财务专家的成本意识。有一位设计界的前辈曾讲，设计即思想，设计是设计师专业知识、人生阅历、文化艺术涵养、道德品质等诸方面的综合体现。只有内在的修炼提高了，才能制作出作品、精品、上品和神品，否则，就只是处于初级的模仿阶段，流于平凡。一个人品、艺德不高的设计师，他的设计品位也不会有高的境界。

设计师的设计不仅是个人行为，也是一种社会行为，其目的是为社会服务。因此，设计师必须注重社会伦理道德的修养，树立高度的社会责任感。同时，设计还受到国家法律、法规的保护与约束。因此，设计师必须对部分法律法规，尤其是与设计密切相关的专利法、民法典合同篇、商标法、广告法、规划法、环境保护法和标准化规划等有相应的了解并切实地遵守。这既能维护自己的权益，也可以避免侵害他人与社会的利益，使设计更好地为社会服务。

11.2 书籍装帧设计师的市场意识与职业道德

在当下激烈的图书市场竞争中，图书装帧设计越来越受到出版人的重视，已经成为图书营销环节的重中之重。这也给出版社的美术编辑提出了越来越高的

书籍装帧设计师的市场意识与职业道德

第 11 章　设计师职业道德

要求：封面设计构思要新颖，构图与色彩要奇异，工艺和材料要特殊，即所谓的"新奇特"。这样做的目的就是要发挥图书封面"九秒钟效应"——让自己的图书能在几十万种图书的卖场中脱颖而出，吸引读者的注意力，激发读者的阅读欲望。可以说，当前图书市场的竞争，已经成为图书"脸面"的竞争。然而，这种一味追求以市场为导向的图书营销概念，却免不了会背离图书装帧设计艺术的宗旨。这主要突出地表现在以下两个方面。

1．图书装帧设计中存在的少量恶俗现象

"先卖掉封面再卖掉内容"已经成为少数图书出版者的营销口号。在这种思想的指导下，封面设计的构思、图片的使用、色彩的运用以及封面的宣传文案等，都存在过分夸张而低级、庸俗化的倾向。尤其是一些以青少年为读者对象的青春文学类、玄幻类、盗墓类图书的封面设计，设计者在信息的传递上大打"擦边球"，以情色、血腥、暴力、恐怖来吸引青少年读者，对青少年的身心健康成长十分不利。

2．模仿与抄袭现象

选题的跟风不仅导致了内容上的雷同，还导致了封面设计的跟风，而且此"风"越演越烈，在畅销书封面的模仿和抄袭方面尤为明显。最典型的如《正说清朝十二帝》畅销之后，大量"正说"题材图书跟风出版，其封面设计在构图、色彩、字体上都如出一辙。当年明月的《明朝那些事儿》(见图 11-1)、易中天的《品三国》(见图 11-2)畅销后，同样有一批跟风模仿之作。令人惊叹的是，这些跟风之作，不仅在封面上，而且在开本、材料、工艺甚至腰封上都极尽模仿，稍不小心还真难辨真伪。此外，大量的经济类畅销读物、生活类读物、励志类读物等的封面，也普遍存在跟风模仿的现象。在竞争日益激烈的图书市场中，我们应该对书装设计师(美术编辑)有一个全新的认识。不能简单地把他们看成是平面设计排版的技术人员，更不能把他们看成是图书制作环节中的"工具"，而应该把他们看成是图书内容的灵魂师、美容师，强化对他们的管理和培训，加强职业道德教育的力度，提高他们的创新能力。

如何通过不断地提升美术编辑队伍的整体素质来把好图书"脸面"的第一关，笔者认为可以从以下三个方面入手。

图 11-1 《明朝那些事儿》　　　　　图 11-2 易中天的《品三国》

1) 强化职业道德建设，增强法治教育

(1) 完善培训制度，加强对美术编辑的培训。以往，我们往往只重视对文字编辑的教育和培训，而忽视对美术编辑的教育和培训，这种做法对整个编辑队伍素质和能力的提高是十分不利的。一本优秀的图书，无疑是内容和封面的完美结合。把对美术编辑的培训教育制度化，提高美术编辑人员的政治思想觉悟，使他们能自觉地执行党的路线、方针、政策，并坚持"社会效益"第一位的原则，是提升美术编辑整体素质的关键。

(2) 增强美术编辑的个人自律性。美术编辑要狠修内功，不断地完善自己的知识、能力与人格，加强自身的职业道德建设。在书装设计的整个流程中，严格按照《公民道德建设实施纲要》和《中国出版工作者职业道德准则》的具体要求来约束自己，自觉地抵制拜金主义、享乐主义、极端个人主义等腐朽思想的侵袭，积极主动地为出版事业作贡献。

(3) 加强监督和管理，严格按"二为"方针以及相应的规章制度引导和规范出版活动。

严格按照我国图书质量保障体系的要求，制定书装设计质量检查机制，在立意高、创意新、质量好上下功夫，牢固树立把关意识，确保书装的内在质量。

(4) 加强出版法规教育，强化美术编辑的法治意识。要设计针对书装设计的法规教育培训课程，并通过大量案例增强美术编辑的法律意识。

2) 提高创新能力，加强市场研究

广博的见识是培养创新素质的保证，只有见识广博，思维才会新颖独特。美术编辑也必须学会研究市场、研究读者、研究同行。研究市场是为了获取有用的信息，同时了解当下图书市场在装帧设计方面的潮流和趋势。研究读者是为了更好地把握当下读者对书装设计的审美取向和阅读习惯。研究同行是为了掌握同类出版物不同的设计风格的技巧。此外，还应注重研究国外出版物的设计理念，掌握世界书装设计艺术潮流。目前，国内部分杂志社和图书出版社在杂志、图书的设计上已经形成了良好的机制，它们的一些成功经验值得我们借鉴，如《漫友》杂志社。该杂志社的美术编辑每月都有一个固定的任务，那就是必须去书城进行半天的市场调研并形成报告。同时，杂志社还要求美术编辑对重点图书和杂志新设计的封面、版式进入卖场或学校进行现场追踪调研，征集各种不同的意见后进行修改，并定期邀请平面设计专家对本社的出版物的设计进行诊断。这些都为提高美术编辑的市场研究能力提供了条件。除此之外，杂志社还要求凡是参加全国书展、订货会的编辑和发行人员，都要认真收集相关的图书资料，回来后进行分析整理，并以专题会的形式向全社人员进行介绍。这种做法不仅拓宽了全体编辑的眼界，也使得资源得到了充分的利用。图 11-3 所示为《漫友》杂志的封面。

在提高书装设计人员的创新能力上，笔者认为，首先必须提高他们的创新意识，将创新作为第一选择和要求。其次，提高他们的群体意识，为他们营造一个创新的集体氛围。最后，用创新的规律指导创新。创新活动包括管理创新、制度创新、理论创新，只有全方位创新才能保证产品的创新。在实际工作中，要注意培养那些创新意识强的美术编辑，让他们总结和归纳自己书装设计的创意，定期组织美术编辑进行交流。同时，定期组织全体编辑进行创意"头脑风暴"，在激发他们创意的同时，请专家加以点评。通过这些方式来指导编辑创意能力的自我修炼。

图 11-3　《漫友》杂志封面

3) 提高沟通能力，追求设计效果最佳化

长期以来，传统出版单位的文字编辑与美术编辑的沟通一直存在不少问题，两者之间互相扯皮的现象时有发生。在图书市场竞争日益激烈的情况下，如何协调好两者之间的关系，让他们既能体谅对方，又能给对方应有的帮助，是出版社、杂志社领导应该重视的问题。文字编辑与美术编辑之间的沟通包括书名、类型、读者对象、设计风格、版式、开本、用纸、封面、封底、是否需要设计腰封、设计预算、制作工艺，等等。其中最关键的就是图书或期刊的内容。一个书装设计人员如果不认真阅读所设计的图书或期刊的内容，掌握图书或期刊内容的精髓，是无法设计出优秀作品的。

但仅仅依靠编辑之间的这种沟通是远远不够的，还必须要有合理的沟通流程，使文字编辑和美术编辑之间的沟通制度化。例如，在选题论证这一环节，可以邀请美术编辑参加，以便增加他们对图书基本信息的了解，同时让文字编辑提供相关的市场研究简报，让美术编辑研究相关出版物，通过文字编辑对文本内容的简要介绍、提示和精华提炼，来缩短美术编辑对图书内容的熟悉时间。总之，沟通制度化要确保内容与设计的统一，不能流于形式。只有这样，才能让两种不同类型的编辑在长期的沟通中更默契且效率更高。

在激烈的市场竞争中，图书"脸面"的博弈越来越激烈，恶俗、一味模仿与抄袭的书装设计作品终究会被市场和读者所抛弃。我们的当务之急，首先是要强化书装设计人员的职业道德建设，增强法治教育。其次是加强市场研究，提高他们的创新能力。最后是提高书装设计人员的沟通能力，争取设计效果最佳化。只有这样，才能实现我们的品牌战略和产品战略，在激烈的竞争中获胜。

11.3　当代建筑师的职业素养

建筑学不仅是一门理论研究的学科，其实践尤为重要。在具有了扎实的理论储备后，建筑实际工作对建筑师来讲还有许多方面的要求。了解建筑师在工作中所应具备的职业素养对于一名建筑学专业从业者来讲是极其重要的。

1．扎实的专业技能基础

建筑学专业实践性极强，我国的建筑从业者上至"工官"，下至"匠人"，都具备扎实的专业技能。现代建筑师从业的根本依然是"专业技能"，它是建筑师在行业内立足的根本，建筑师积累足够的专业知识是建筑师入行的门槛。扎实的专业基础应主要包括以下几点。

（1）建筑空间的营造能力。建筑的核心要素是建筑空间，老子的那句话说得好："埏埴以为器，当其无，有器之用，凿户牖以为室，当其无，有室之用。"建筑的空间最能考验建筑师的专业能力，空间的形、质、量以及空间三要素互相作用与影响，都考验着建筑师对空间的理解，而空间的营造的合理与否，直接关系着使用者的体验。

（2）建筑的造型能力。建筑学最明显的特征就是它是技术与艺术的结合，建筑师不仅要提供一个适用的居住场所，还要为建筑物塑造美的观感。维特鲁威在《建筑十书》(见图 11-4)中提到，建筑的三原则即为"坚固、适用、美观"，这三个原则是每位建筑师的不懈追求。随着我国经济的发展，人们对建筑的需求不仅局限在"遮风避雨"，还追求美的造型，网络盛传的"十大最丑建筑"，就说明了建筑的造型能力对建筑师是多么重要——它是建筑师面对公众最直接的本钱。

图 11-4　《建筑十书》

第 11 章　设计师职业道德

(3) 建筑结构与构造的运用能力。结构设计师与建筑设计师一直存在着矛盾，其原因主要是建筑师对建筑结构掌握不到位。一位优秀的建筑师对于结构的掌控能力必定是极强的，每一次建筑的进步必定伴随着结构技术的发展，比如著名的"多米诺体系"，就促进了现代主义建筑的产生。

(4) 对建筑历史发展的理解。建筑史是建筑学的重要学科，中华文明是极其早熟的文明，因此决定了中国文化对于建筑史有特殊的态度。它主要包括以下几个方面。

① 中国建筑史对中国建筑师的影响。

中华文明的早熟对后代产生了深远的影响，文化源头的魅力与权威使得国人对祖制有不可磨灭的情怀，建立在血缘联系与祖先崇拜基础上的宗法制度进一步加强了祖制的威力，小至住宅，大到行政中心，处处都体现着中国人特有的传统情怀，因此在中国做建筑设计，不了解中国古代建筑制度是行不通的。

② 国外建筑史对中国建筑师的影响。

中国建筑处于量变的过程，缺少系统的现代科技理论框架，因此要将中国传统建筑在当代进行重构，学习外国建筑发展历程，了解现代主义建筑的起源，了解柯布西耶是如何将现代建筑传到日本并萌发新芽的。

(5) 对哲学、美术等有关学科的认知。建筑师都是杂学家，这基于建筑学专业的复杂性，若不能广泛地了解各类学科，其作品也一定是枯燥、乏味的，居住者在这样的建筑中也一定缺乏乐趣。

2．良好的沟通协调与合作能力

建筑学是工科专业，但建筑设计工作却不是仅仅依靠专业技能就能完成的，因为建筑是一门复杂的、涉及多方的营建活动，各方对建筑物有着不同的诉求，建筑师作为建筑活动中的龙头，应具备良好的沟通、协作能力。

(1) 与甲方的沟通能力。甲方是建筑活动中的投资者，是被服务方，因此甲方常要求建筑能满足其尽可能多的利益诉求，而这些诉求有时与设计者的理念相冲突，甚至和设计规范相冲突，这时，设计师的沟通能力尤为重要，为之分析利弊得失、远近规划，以取得最佳效果。

(2) 与结构、设备等其他专业的沟通能力，由于近代建筑学分工的专业化，项目的结构设计、设备管线铺装设计等与整体建筑设计是分开的，在项目中如何使各专业人员协调统一，需要建筑师与各专业间进行有效沟通，良好的沟通能力此时亦是必不可少的。

(3) 与其他建筑师的合作能力。一些大型项目常由多个建筑师共同完成，一些著名的组合彰显了建筑师合作的优越性，如妹岛和世与西泽立卫(其作品见图 11-5)的 SANAA、解构主义资深组合蓝天组等，都是多个建筑师合作的范例。①合作能力是职业建筑师必不可少的。

---

① 资料来源：豆瓣读书网. Kazuyo Sejima and Ryue Nishizawa [EB/OL]. (2012-09-30)[2025-04-18]. https://book.douban.com/subject/10417693/

图 11-5　妹岛和世与西泽立卫的建筑作品

3．不断学习的意识

当今时代，是一个知识不断更新的时代，是一个需要终身学习的时代，是一个不学习就注定要被抛弃的时代。要跟上时代发展的步伐，就必须不断地学习，做到"活到老，学到老"。建筑师学习主要包含以下几个方面。

（1）从日常项目实践中不断汲取知识。俗话说"千里之行始于足下"，任何事都要从实际做起，书本的知识终归是有限的，在实践工作中必然会遇到种种问题，从每一次工作中学习经验，改正之，优化之，这样才能越来越成熟。人们常认为建筑师越老越宝贵，而这点"贵"就是长期实践中学习到的大量经验。

（2）不断学习建筑新思潮、新方法。2008 年中国楼市飞涨，2015 年遭遇寒冬，设计院裁员，楼市滞销，有种声音却说："这对于中国建筑设计业未见得是一桩坏事，设计师们终于可以静下心做设计了。"国外建筑有很多思潮与流派，如果我们不及时学习先进的设计方法、研究先进的设计思想，差距会越来越大，他人已经依据新时代的审美，运用人工智能进行作品设计，如果还在用 CAD 做老式设计是不行的，我们需要利用人工智能快速发展的机遇，使设计思想、方法、作品达到一个新的高度。

4．强烈的责任感与认真的态度

建筑耗资巨大，建筑物是建筑合同中的客体，参与建筑活动的各方都对其负有责任，建筑师作为建筑活动中重要的参与者,更负有重大的责任,而一个富有责任感、工作态度认真的建筑师对整个建筑项目而言有引领作用。

(1) 对甲方负责。甲方是建筑活动中的投资者,建筑师是设计者,为甲方提供有偿服务,既然是服务,自然需要对甲方负责。所谓负责,并非仅指听从甲方的任务要求设计建筑,还包括利用专业知识,为甲方合理作出建筑设计的规划。譬如进行商业建筑设计,就应作出选址、商业模式规划、服务人群定位等一系列并不属于"狭义建筑学"的工作。在进行具体的设计工作时,还应提出专业建议,比如房间使用偏好及其布置形式、空间利用方式等。当甲方提出的要求不合理时,不应一味迎合而是帮其分析利弊,为之作出正确的选择。双方应相互尊重、相互信任、互相配合,积极合作,提高工作的高效性。

(2) 对建成作品负责。建筑是以巨大价值建立、拥有重要标志意义的产物,建筑师应当铭记,建筑消耗社会资源亦应取得社会效益,为社会营造正确的价值取向,提高公众的审美能力,而不是成为哗众取宠的工具。近年来,一些奇怪的建筑层出不穷,如"方圆大厦""酒瓶大楼",甚至坐落于京城的"盘古大观"。这些建筑的存在反映出建筑师的设计理念及心态有待提升。它不仅对建筑师个人带来不利影响,亦是对社会公共资源的极大浪费。

(3) 对建筑师本人负责。在建筑设计活动中,建筑师承担的责任要分明。建筑师要懂得自我保护,如何规避风险,比如做会议记录,在甲方否认方案制定过程中自己错误言行的时候,会议记录是最有力的证据,它具有法律效力,建筑师可以摆脱无关责任。综上所述,建筑师在从业过程中,应对人对己,都做到认真负责,才能在行业中如鱼得水,趋于成功。

5. 对民族、国家与社会的担当

任何职业都有存在的价值,"衣、食、住、行"是人类的基本要求,人们对"住"的标准要求日益提升,作为住所的设计者,建筑师要实现自己的价值,就应对自己的担当有一个明确认知。

(1) 中外建筑交流呈现明显的不平衡现象。国外建筑师在华项目丰富多样,而中国建筑师的海外实践相对有限。这一差异源于复杂的文化历史因素,而非单纯的设计能力问题。西方建筑流派如结构主义等植根于其独特文化土壤,中国建筑师在学习过程中难免存在理解差异。当前中国建筑界正积极探索转型之路,既要吸收国际经验,更要挖掘本土文化精髓,寻求东西方美学的创造性融合。这一探索必将推动中国建筑在全球舞台绽放异彩。

(2) 对社会精神的担当。历史上每一个时代都产生一批不朽的建筑作品,像埃及的金字塔(见图11-6)、巴黎铁塔、纽约自由女神(见图11-7)、悉尼歌剧院(见图11-8),其文化意义和艺术感染力常常成为一个历史时期的文化标志、国家和民族的精神象征。大型建筑是耗费社会公共资源落成的庞大资本象征,对于社会具有极强的影响,建筑师要具有引导社会价值趋向的责任,这种责任体现在建筑的方方面面——结构、空间、造型、室内设计……要想营造正确的价值观,就要建筑师有一个正确的担当。

图 11-6　埃及金字塔

图 11-7　纽约自由女神

图 11-8　悉尼歌剧院

11.4　平面设计的表现与设计师的职业素养

平面设计的表现与设计师的职业素养

　　随着现代电子信息技术以及互联网技术的快速发展，平面设计行业迎来了前所未有的发展机遇，这也在一定程度上对设计师的职业素质提出了更高要求。随着相关设计技术以及设计理念的不断发展，设计元素的表现也逐渐由二维化的平面设计向多元化的方向发展。随着人们审美水平的提高以及相关审美观念的不断丰富，人们对于相关的平面设计表现形式也有了更多的理解和要求，平面设计不仅是商家以及相应的机构用来展现自身文化的一种表现形式，更多地和人们的日常生活结合在一起，成为人们日常生活中的一个重要组成部分，这些因素也都在无形之中对设计师的相关素质提出了更高的要求。故本节就我国目前平面设计的发展以及相关表现形式的进步，来探讨平面设计师所应具备的素质，进而对实际的平面设计工作提供借鉴和指导，以促进相关行业的快速发展。

随着我国经济建设相关工作的逐步开展，人们的生活水平日益提高，这在一定程度上促进了人们审美水平和审美观念的发展，社会对于平面设计行业也由传统的"画画"观念转变为艺术设计的一种形式。而这种观念的转变也促进了平面设计行业的快速发展，加之世界经济文化交流日益密切，国内外的平面设计理念经过长期的交流催生了一大批新兴的平面设计表面形式。新兴的平面设计表现形式也在一定程度上提升了对平面设计师职业素质的要求，因此下面具体分析平面设计表现形式的发展对于现代平面设计师职业素养的影响，进而探究两者在经济文化日新月异的大环境下，平面设计行业是如何发展的，以期对实际的平面设计提供借鉴。

1. 平面设计中的元素视觉多维化表现形式

(1) 元素视觉多维化的表现方式。随着现代化平面设计理念的不断丰富与发展，人们对于平面设计中的视觉元素提出了更加丰富的要求，并且逐渐向多元化方向发展，这也给平面设计带来了更多的发展空间和表现形式，其中最为大众所喜爱与接纳的便是元素视觉多维化的表现方式。这种表现形式相较于传统的二维平面表现形式而言有较大的突破，通过传统的设计，加之多维空间里面的方式相结合，从而突破了维度空间的限制，使平面设计的阅读者在具体的欣赏过程中欣赏到更多的设计理念和设计思想，赋予了平面设计的美感体验。

(2) 元素视觉多维化在平面设计中的应用。正如上文所言，随着现代化平面设计理念的不断发展，元素视觉多维化的表现形式为越来越多的平面设计师所采纳，在具体平面设计中也有了更多的应用。元素视觉多维化表现方式的重点便在于通过图像作为视觉元素的关键部分加以相应的摄影技术，从而表现出更加丰富的维度。通过丰富的摄影图像与平面设计相结合，将摄影师所拍摄下来的图像通过特殊的软件进行操作，从而利用二维、三维这些现代化的技术对图像进行加工处理，从而使最终的效果表现出相较于原本的二维摄影结果不同的多维表现形式，进而使消费者获得一种更加丰富的视觉享受。

2. 平面设计理念发展带来的对于平面设计师的职业素质要求

(1) 加强对于精神需求的审美。平面设计本身便属于艺术设计的一部分，因此，平面设计师在日常的学习过程中，应当加强对于自身精神世界的升华，通过阅读一些美学相关的图书以提升自己对一些美学现象的把握，从而使自己在日常的生活中发掘更多具有美学价值的图像以及设计灵感，这不仅在一定程度上提升了设计师本身的艺术修养以及相应的设计眼光，更在另一方面提升了设计师本身的审美情趣，将会使设计师更加热爱这项平面设计的工作，从而更加积极地发掘生活中的一些美学现象，并将其应用到自身的平面设计中来。

(2) 加强对生活中美学现象的发掘。平面设计本身便属于艺术创作的一个重要部分，因此设计师应当在日常的生活中加强对生活中美学现象的发掘。在日常的设计过程中，平面设计师可以通过到大自然采风乃至于通过在市井街头对一些社会现象的观察，来捕捉其中所透露出的设计灵感，并将其应用到自己的平面设计中来，这样不仅可以在一定程度上使设计师拥有更多的设计灵感和平面设计素材，同时也可以使设计师提升自己的审美情趣，另一方面，也可以使设计师设计出来的平面设计产品更加符合人们的日常生活需求,从而使设计师的设计作品为大众所接纳。

(3) 加强画面表现能力的锻炼。平面设计在具体的设计表现过程中要求设计师有较好的画面表现能力以及出色的语言文字表达能力,这便要求设计师在日常的生活中加强相关美学书籍的阅读,从而积累大量的相应素材,同时,对于平面设计学习过程中的专业课程拥有较好的理解能力,从而将自身在生活中所发掘的设计灵感以及设计素材与自身的设计知识相结合,进而创造出专业性与生活性兼顾的设计产品。在这一过程中也会不断地锻炼设计师的思维方式,从而使设计师对生活充满兴趣,积极发掘生活中的设计灵感和设计素材。

综上所述,随着我国经济建设相关工作的开展,人们的生活水平日益提高,这也在一定程度上促进了人们审美水平以及审美观念的不断发展,这些因素都对平面设计师的职业素质提出了更高的要求。加之,随着现代化平面设计理念的不断发展,平面设计的表现形式也在不断丰富,这也在一定程度上要求设计师具有更加专业的设计才能,因此设计师应该在日常生活中加强对生活中美学素材的发掘。同时,设计师也应当提升自己的专业素养,通过阅读一些美学书籍来提升自身的人文艺术涵养,以此来锻炼自身的思维方式,从而使自身获得更加丰富的设计灵感。

本 章 小 结

本章主要介绍设计师的职业道德内容,包括设计师所必须承担的最基本的设计义务和道德责任、书装设计师的市场意识与职业道德、当代建筑师的职业素养以及平面设计师的职业素养。

思考练习题

1. 设计师所必须承担的最基本的设计义务和道德包括哪些内容?
2. 书装设计师的市场意识与职业道德包括什么?
3. 当代建筑师的职业素养有哪些?
4. 平面设计师的职业素养包括什么?

参 考 文 献

[1] 陈汗青，万伅. 设计与法规[M]. 北京：化学工业出版社，2021.
[2] Sunl 视觉设计. 版式设计法规[M]. 北京：电子工业出版社，2016.
[3] 许开强，等. 设计管理与法规[M]. 合肥：合肥工业大学出版社，2017.
[4] 孔雅轩. 逻辑与规律——用户体验设计法规[M]. 北京：人民邮电出版社，2020.
[5] 国家知识产权局专利局外观设计审查部. 美欧日韩外观设计法律法规汇编 [M]. 北京：知识产权出版社，2018.
[6] 伊莱恩·格里芬. 设计准则(成为自己的室内设计师)[M]. 张家楠，译. 山东：山东画报出版社，2011.
[7] 岳蒙. 年轻设计师必修的 7 堂课[M]. 辽宁：辽宁科学技术出版社，2017.